1996년 종로, 노무현과 이명박

엇갈린
운명의
시작

양원보 지음

위즈덤하우스

2009년 5월 23일을 똑똑히 기억한다. 그중에서도 가장 또렷한 장면이 있다. 이명박은 그날 아침 체코 대통령과 정상회담 중이었다. 체코 대통령이 무슨 얘길 하고 있었다. 그때 누군가 다가와 이명박에게 귀엣말을 했다. 분명 그의 서거 소식이었다. 그게 아니고선 이명박의 동공이 그렇게 갑자기 힘을 잃고 풀릴 리 만무했다. 똑똑히 기억한다.

그때 나는 생각했다.

'저 사람은 이런 날이 올 걸 짐작이나 했을까.'

1996년 종로 총선을 복기하기로 했던 건 그래서였다. 서로의 운명을 짐작이나 했는지 궁금했다. 단서가 있을 것 같았다. 혹여 그런 게 없을지 몰라도 두 사람의 부대낌이 궁금했다.

책을 구상한 건 꽤 오래전이었다. 그런데 잘 써지지 않았다. 잘 써질 수 있는 세상이 아니었다. 잘 쓰고 싶은 기분도 들지 않았다. 그런데 세상이 바뀌면서 기분도 바뀌었다. 지난 연말부터 집필을 시작했다.

결과는 참담했다. 2등도 아니고 3등으로 떨어졌다. 이명박 후보가

승리했다. 내가 대통령이 되는 것도, 그가 그다음 대통령이 되는 것도 당시에는 상상하지 못했다

– 노무현 자서전《운명이다》중에서

선거 결과는 예상 밖의 대승이었다. 나는 40.5퍼센트를 득표해 33 퍼센트에 그친 이종찬 후보, 17퍼센트를 얻은 노무현 후보를 누르고 당선됐다. 새로운 정치의 시작이었다.

–이명박 회고록《대통령의 시간》중에서

참 이상했다. 노무현과 이명박은 수백 페이지짜리 자서전과 회고록에서 종로 선거 이야기를 고작 두 페이지 남짓 다뤘다. 짐작은 간다. 노무현은 개인 선거사史에서 최악의 성적을 남겼다. 명분 있는 패배도 아니었다. 이명박은 선거 부정을 저질렀다. 그걸 덮기 위해 더 큰 부정을 저질렀다. 그들 모두에게 1996년 종로는 드러내 보이고 싶지 않은 시공간이었다. 어찌됐든 당사자들이 기억하지 않는데 다른 사람들이 기억할 리 없다. 1996년 종로 선거가 낯선 건 그래서다.

두 명의 대통령이 한 선거구에서 붙었다. 한 사람은 이겼고 한 사람은 패배했다. 그런데 이긴 사람이 물러나자 졌던 사람이 그 자리를 꿰찼다. 그 사람은 대통령이 됐고, 물러났던 사람은 다시 돌아와 이어서 대통령이 됐다. 그리고 그 사람은 고향으로 돌아간 사람을 사지로 몰았다. 살아남은 사람은 지금 구치소에 있다. 이건 운명 같다. 처절하게 슬픈 운명 같다. 엇갈린 운명이다. 종로 총선은 엇갈린 운명의 시작이다.

이야기는 1992년 14대 총선부터 시작한다. 노무현과 이명박, 두 사람이 각자의 생을 살다 1996년 종로에서 만난다. 노무현은 쉴 새 없이 깨지고 터졌다. 책에 '노무현, 그 실패의 역사'란 부제를 달아도 무방하다. 웃는 건 맨 끝에서 딱 한 번이다.

책을 쓰는 내내 역사의 가정을 생각했다. 작은 사건 하나만 뒤집어졌어도 이 책은 나오지 않았을 것이다. 이종찬은 말했다.

"이명박 씨가 김대중 정부 시절인 2000년 광복절 특사로 사면 복권을 받아요. 피선거권을 회복하죠. 그러면서 다시 서울시장 꿈을

꾼 거예요. 난 그 사람이 특사 명단에 올랐는지 몰랐어요. 미리 알았다면 어떻게든 막았을 텐데……."

만약 이명박이 2000년에 사면을 받지 않았더라면 2002년 서울시장이나 2008년 대통령은 다른 사람이었다. 2018년 3월 23일 새벽에 집을 나서며 가족들에게 미안하다는 말을 남길 일도, 2009년 5월의 비극도 없었을 것이다. 역사는 이렇게 짓궂다. 모질다.

그래도, 그래도 기회는 있었다. 역사의 물줄기가 달리 흐를 기회는 있었다. 이광재는 기억했다.

"2003년 노 대통령 취임하고 얼마 안 됐을 때였죠. 서울시에서 청계천 복원 공사 하겠다고 정부에 협조 요청을 해왔어요. 교통 통제니 뭐니 정부 지원 없이는 아무것도 못할 상황이었죠. 주변에선 거의 다 반대했습니다. 이명박 시장이 청계천을 정치적으로 어떻게 써먹을지 눈에 뻔히 보였으니까. 그런데 노 대통령은 그러시더군요. '나라 잘되게 한다는데 그걸 안 도와주면 어떻게 하느냐. 정치 그렇게 하지 말라'고. 며칠 뒤 국무회의가 열렸는데 아예 이 시장을 배석시켰습니다. 그러곤 '서울시에 적극적으로 협조하라'고 못을 박으셨죠."

그래서였을까. 2005년 10월 1일 이명박은 청계천 새물맞이 기념식에 노무현을 주빈으로 모셨다. 기념사를 통해 "복원의 의미를 이해하고 지원의 뜻을 밝혀 착공에 큰 힘이 돼주신 노무현 대통령께 감사드린다"고 공을 돌렸다. 며칠 뒤 《시사저널》과 인터뷰에선 "솔직히 노무현, 이회창을 놓고 인간적으로 누가 더 마음에 드나 물으면 노무현"이라고 말하기까지 했다.

서갑원은 이명박에 대한 노무현의 인물평을 들은 적이 있다고 했다.

"2007년 5월인가, 제주도에서 대통령 내외를 모시고 아침 식사를 할 기회가 있었죠. 한나라당 대선 경선을 앞둔 시점이었어요. 궁금해서 여쭸습니다. 누가 더 낫다고 보시냐고. 대통령께선 '아무래도 이명박 씨가 조직 생활도 오래 했고 서울시장 경험도 있고 하니

박근혜 씨보다 더 잘하지 않을까' 하시더군요."

석 달 뒤인 2007년 8월 이명박은 박근혜를 꺾고 한나라당 대선 후보가 됐다. 사실상의 본선으로 통하던 승부였다. 그리고 넉달 뒤 이명박은 너끈히 대통령에 당선됐다. 그해 12월 28일 노무현은 이명박을 청와대로 초청했다. 정권 인수인계를 위한 첫만남이었다. 노무현이 운을 뗐다.

"청와대에 처음 들어와 보니 보기 흉한 시설이 많더라고요. 바로 고치고 싶었지만 임기 초에 고쳤다가는 나중에 저 때문에 고친다는 얘기를 들을까 봐 지난해(2006년) 5월에 많이 고쳤죠. 당선인께서 들어오시면 생활하시기 굉장히 좋을 겁니다."

이명박이 화답했다.

"제가 대통령이 되면 후임자가 전임자를 잘 모시는 전통 하나만큼은 확실히 만들도록 하겠습니다."

당시를 떠올리던 이광재는 말했다.

"노 대통령은 이명박 씨의 선의를 곧이곧대로 믿었던 것 같아요.

그……."

말끝을 흐렸다. 잠시 침묵했다. 다시 말을 이었다.

"맞아요, 그걸 믿었던 거예요."

믿은 사람이 잘못인가, 믿게 한 사람이 잘못인가. 역사는 짓궂다. 또 모질다.

습관적인 마무리인 줄 안다. 그래도 책머리마다 이런 글을 쓰는 이유를 알 것 같다. 정말 고마운 사람들이 있어서다. 손석희 JTBC 보도부문 사장은 귀한 글을 주셨다. 인생 일부분을 그의 부하로 살 수 있는 건 분에 넘치는 일이다. 괜히 하는 소리가 아니다. 그는 정말 최고다. 〈정치부 회의〉 진행자 이상복 정치2부장은 집필에 많은 편의를 봐줬다. 좋은 선배다.

안민석 의원은 출판사를 찾아줬다. 이러저러한 책을 쓰고 싶다고 했더니 자기 책을 낸 곳에 줄을 대줬다. 위즈덤하우스는 그렇게 만났다. 몇 자 끄적거린 A4 한 장짜리 출간계획서만 보더니 "괜찮네요, 계약하죠" 했다. 이래도 되는 건지 모르겠다. 출간을 도와준 출판사 식구들께도 감사한 마음이다.

노무현 전 대통령 후원회장 이기명 선생은 전래 동화 같은 재미난 이야기를 오래도록 들려줬다. 그러면서도 "노무현에게 치우치는 글일랑은 쓸 생각 말라"고 했다. 자판을 두드리는 내내 그 당부를 잊지 않았다. 사람·고양이 '똥꾸'도 고맙다. 물론 가장, 항상 고마운 건 가족이다. 엄마, 안녕.

2018년 4월 어느 날
JTBC 빌딩 14층 빈 사무실에서
양원보

3부 종로에서 만나다

4부 엇갈린 운명

1부
노무현

부산의 변심

—

선거 다음 날이었다. 1992년 3월 25일은 아침부터 쌀쌀했다. 부산시 동구 수정2동 통일다방 건물로 40대 중년 부부가 막 들어갔다. 그곳 5층에는 '노무현 후보 사무실'이 있었다. 잠시 후 현관문이 끼익 소리를 내면서 열렸다.

"아이고, 의원님 오셨습니까?"

문을 연 사람은 노무현과 부인 권양숙이었다. 선거운동원 몇 명은 그곳에서 밤을 샜는지 어제 입었던 옷 그대로였다. 그럴 수밖에. 이곳은 전쟁터였다. 어젯밤 10시쯤, 14대 국회의원 선거 결과가 윤곽을 드러낼 때까지는.

노무현은 억지로 태연한 척을 했다. 허허, 헛웃음을 지었다. 사람들과 악수를 나누고 어깨도 두드렸다.

"내가 기대에 부응을 몬해서 면목이 없네예."

울음이 터져 나오기 시작한 건 그때부터였다. 한 사람이 울자 옆 사람도 따라 울었다. 울음은 전염됐다. 평정심을 유지했던 권양숙도 눈물을 잠시 훔쳤다. 예정된 패배였다. 예상됐던 선거 다음 날 풍경이었다. 그래도 선거에서 지는 건 아팠다. 노무현은 훗날 이렇게 말했다.

"선거를 치르기 1년 전(1991년)부터 미리 낙선의 홍역을 충분히 치르고 있었다."

그랬다. 1990년 1월, 민주정의당과 통일민주당, 신민주공화당이 합당할 때 김영삼을 따라가지 않은 게 컸다. 당에 그대로 남아 이듬해 9월 김대중 진영과 합친 건 더 패착이었다. 그렇게 탄생한 통합 정당의 이름은 분명 '민주당'이었다. 그런데 사람들은 그냥 '김대중당'이라고 불렀다.

노무현을 아끼는 부산 동구 주민들은 열이면 열, 서울로 가든지 아니면 무소속으로 나오라고 했다. 그가 걱정이 된 건 당에서도 마찬가지였다. 김대중 진영과 통합 직전 '꼬마 민주당' 이기택 대표는 노무현을 따로 불러 이렇게 말했다.

"이봐, 노 의원. 김대중과 합치면 확실히 낙선할 텐데, 그래도 각오가 돼 있나?"

그렇게 시작한 선거였다. 분위기는 초반부터 저쪽에 일방적이었다. 그래도 믿는 데가 있었다. 부산은 야도野都였다. 선거 캐치프레이즈를 '부산의 자존심, 동구의 자존심'이라고 지은 건 그래서였다.

노무현은 선거 혁명을 다짐했다. 1992년 3월 7일 지구당 사무실에서 기자회견을 열었다. 회견 제목은 '새 정치와 개혁을 위한 1보를 시작하며'였다.

"홍보물 제작 횟수와 물량을 축소할 겁니다. 선거운동원 일당도 법이 정한 대로 5,000원만 주겠습니다. 유세장 분위기를 흐리는 박수 부대도 동원하지 않겠습니다."

새 정치를 내걸었지만 솔직히 돈이 없는 이유가 더 컸다. 정말 돈이 없었다.

상대 후보인 민주자유당 허삼수는 절치부심했다. 1988년 13대 총선 패배 이후 서울에도 잘 안 올라갔다. 몇 년째 하루 일과를 새벽 약수터 인사로 시작했다. 모든 동네를 두 번 이상씩 돌았다. 지역을 많이 돈다는 건 그만큼 돈을 많이 쓴다는 말이었다. 동네에서는 허삼수의 후덕함에 호평이 줄을 이었다. 그의 선거운동원들은 "노무현이 지역 발전을 등한시해 노인정에서 뺨을 맞았다"고 말하고 다녔다.

양측의 진검승부는 합동 연설회에서였다. 3월 14일 부산 수정초등학교에서 1차 합동 연설회가 열렸다. 그야말로 혀로 하는 칼싸움이었다. 노무현은 허삼수를 '총잡이'라고 했다. 총칼로 정권을 잡았다는 뜻이었다.

"총잡이는 (부산) 동구가 아니라 (미국) 서부로 가야 합니다. 허삼수 후보는 YS를 '대통령병 환자'라고 하더니 4년 만에 위대한 대통령감이라고 말합니다. 소신 없는 정치인 아닙니까?"

허삼수는 한술 더 떴다. 당사자를 옆에 앉혀놓고 버젓이 흑색 선전을 했다.

"노사분규 현장마다 끼어들어 노동자를 선동하고 사업주들로부터 사태 수습을 명목으로 거액을 챙기는가 하면, 부동산 투기로 막대한 재산을 모았다고 하지 뭡니까?"

이건 허삼수 측이 관내에 뿌린 기관지에 실린 내용이기도 했다. 거기엔 "노무현이 기업인을 청문회에 불러내겠다고 협박해 수십억 원을 챙겼으며 수백억 원대의 재산을 갖고 있다"는 내용도 있었다. 노무현은 곧바로 허위사실유포로 고소했다. 그러나 허삼수는 멈추지 않았다. 가는 곳마다 〈인권 변호사 출신 노무현 의원, 호화 요트 소유〉를 보도한 1991년 10월 6일자 《주간조선》을 쥐고 흔들었다.

8일 뒤인 3월 22일, 2차 합동 연설회가 열렸다. 같은 장소였지만 화력은 더 세졌다.

"5공 때는 전두환 밑에서, 6공 시절엔 노태우 밑에서 똘마니 행세를 하더니 이번에는 김영삼 대표를 '부산이 낳은 위대한 지도자'라고 합니다. 이거 완전 뒷골목 똘마니 아닙니까?"

노무현은 허삼수는 공격하되 김영삼을 비판하진 않았다. 허삼수도 물러서지 않았다.

"아무것도 모르는 피라미가 큰 정치한다느니 하면서 지역에는 코빼기도 안 비쳤습니다. 저는 청와대 있을 때 대통령 처삼촌까지 구속하면서 바른말만 하다 쫓겨난 진짜 큰 정치인입니다."

현장 분위기는 노무현이 주도했다. 연설회가 끝나고도 지지자 2,000여 명은 돌아가지 않았다. "노무현"을 연호하며 그를 따랐다. 행렬은 수정초등학교에서 200여 미터 떨어진 후보 사무실까지 이어졌다. 장관이었다.

노무현 3만 397표 vs 허삼수 5만 9,894표.

더블 스코어였다. 일방적인 패배였다. 노무현은 훗날 "13대 선거 때는 개표 도중에 자다가 일어나 보니 이미 당선이 돼 있었는데 14대 선거에선 자다가 일어나 보니 이미 엄청난 차이로 벌어져 있었다"고 술회한 적이 있다.

노무현은 허삼수하고만 싸운 게 아니었다. 관권과도 싸웠다. 현직 의원이었지만 여당 전직 의원보다 못한 대접이었다. 선거 운동이 한창이던 때였다. 며칠 전부터 후보 사무소가 있는 통일다방 건물 1층 앞에 봉고차 한 대가 들락날락했다. 험상궂게 생긴 청년들이 타고 있었다. 누군지 짐작은 갔지만 일단 놔뒀다.

그런데 어느 날 사달이 났다. 여성 선거운동원이 헐레벌떡 사무실로 뛰어 올라왔다.

"아따 마 무서버가 여 몬 오겠네예. 깡패들이 마 우란테 시비 걸고 그라예."

그녀는 조금 전 있었던 일들을 차근차근 설명했다. 자기가 건물 입구에 들어서는 순간 갑자기 봉고차 문이 열리더니 한 남자가 다짜고짜 이러더라는 거였다.

"아지매, 여 와 왔는교?"

"와예? 그 알아가 뭐 할라꼬예?"

"아니 씨, 사람이 뭘 물어보면 대꾸부터 해야 할 거 아이가."

"아따, 와 초면에 욕을 하고 그랍니꺼?"

"아지매, 지금 노무현이 사무실 갈라는 거제?"

사내들을 더는 못 본 척할 수 없었다. 남자들 몇 명이 내려가 "저리 가라"고 했다. 그들은 들은 척도 안 했다. 사무소 바로 옆이 동부경찰서였다. 경찰서에 전화해 조치를 부탁했다. 경찰서는 손사래를 쳤다. "그 사람들을 가라 마라 할 권한이 없다"고 했다. 권한이 없는 게 아니라 의지가 없다는 걸 모르는 사람은 없었다.

그날 저녁 노무현이 사무소에 들어가다 봉고차를 봤다. 사내들과 눈이 마주쳤다.

"저 밖에 봉고차 뭡니꺼?"

선거운동에 정신없었던 노무현은 그제야 사정을 전해 들었다. "허삼수 측에서 우리를 감시하기 위해 보낸 깡패들"이라고 했다. "아무리 가라고 해도 말을 듣지 않고 경찰도 손을 놓고 있다"며 "의원님이 직접 나서야 할 것 같다"고도 했다.

"그래요?"

노무현은 청년 당원 두어 사람을 데리고 동부경찰서를 찾았다. 경감쯤으로 보이는 사람이 나왔다. 똑같은 말을 했다.

"마 불법행위를 저지른 것도 아이고……."

노무현은 더 부탁하지 않았다. 같이 온 일행 쪽으로 얼굴을 돌렸다. 눈썹이 올라갔다. 이마의 굵은 일자 주름이 선명해졌다.

"시장 가가 기름 좀 떼와요. 내 이 씨발 개새끼들, 봉고에 불 질러 뻘끼니까. 내 다 책임질끼다. 얼렁 가가 사와라!"

당원 한 사람이 노무현의 말이 끝나기 무섭게 경찰서를 빠져나갔다. 시큰둥하던 사내는 얼굴이 하얗게 질렸다. 바로 그 직후, 그의 손에 이끌려 경찰서장이 나타났다.

"아이고 마, 의원님, 고정하이소! 곧바로 조치하겠심더."

경찰서장은 연신 고개를 숙였다. "권한이 없다"던 경찰은 수상쩍은 청년들을 굴비 엮듯 줄줄이 묶어 경찰서로 데려갔다.

선거기간 동안 노무현은 지역구민들의 오해와도 싸웠다. 주민들은 그를 볼 때마다 "그동안 어디 있다 이제 왔느냐"고 했다. 그는 5공 청문회 스타였다. 텔레비전을 틀면 그가 나왔다. 하지만 동네에선 볼 수 없었다.

노무현은 억울했다. 서울에 많이 있긴 했다. 그런데 노느라 그랬던 게 아니다. 그는 나랏일을 하고 있었다. 한번은 시장통 유세 중에 시장 상인과 그 문제로 설전을 벌였다.

"코빼기 한번 안 비주다가 만다꼬 여 왔노?"

"죄송하다. 다음부턴 자주 찾아뵙겠다" 하고 넘어가면 끝날 일이었다. 노무현은 그러지 않았다. 가던 길을 멈춰 선 채 "그건 국회의원 할 일이 아니다. 잘못 알고 계신다. 시장, 구청장이 할 일과 혼동하지 마시라"고 설명했다. 사람들이 주변으로 모여들었다. 가끔 목소리 톤이 올라가기도 했다. 하지만 싸움으로 번지진 않았다. 토론이었다. 상인은 "의원님 말씀이 맞다"고 고개를 끄덕였다. 노무현은 꾸벅 인사를 한 뒤에 그제야 다음 유세장으로 발길을 옮겼다. 그렇게 하는 게 득표에 도움이 되는지는 확신하지 못한 채였다.

노무현은 낙선 후 동구 사람들에게 편지를 띄웠다. 여전히 그 문제가 마음에 걸렸다. 그런데 낙선을 하고서도 마음에 없는 말은 못했다.

지난 4년 동안 "인사가 없다", "뭐 해주었느냐"라는 질책은 정말 무거운 짐이었습니다. '인사'는 시간과 돈이 필요한 일이고 '지역 사업'은 거짓말을 해야 되는 일이었습니다. 이제 다시 시작하려는 마당에도 이 두 가지는 여전히 큰 고민거리입니다. 그러나 저는 원칙을 지키려 합니다. 선거에 도움이 되는 일이라 하여 정치 발전에 도움이 되지 않는 일에 돈과 시간을 낭비하거나 거짓말을 하고 다니지는 않을 것입니다. 설령 영원히 당선되지 않는다 할지라도 이 원칙은 반드시 지킬 것입니다.

노무현의 낙선 후 부산시민들은 묘한 감정에 휩싸였다. 김영삼 한번 대통령 만들자고 눈 딱 감고 던진 표였다. 나만 그런 줄 알았더니 동네 사람 모두가 그랬다. '5공 청문회 스타' 대신 '5공 신군부 핵심'이 다시 웃었다. 역사의 후퇴였다. '야도' 부산이 하루아침에 '여도'가 돼버렸다. 4년 전 13대 총선에서 보여준 전통 야도로서 자부심 같은 건 온데간데없었다. 총선 이틀 뒤 《한겨레》 3월 26일자엔 부산 지역 한 해직 교사의 탄식이 소개됐다.

이제 부산시민이 자랑으로 삼던 '민주 성지', '부마항쟁의 후예'라
는 수식어는 공허한 것이 되고 말았습니다.

총선 닷새 뒤인 3월 30일, 민주당 당사에선 당선자 대회가 열
렸다. 하지만 김대중 공동대표는 '낙선자' 두 사람을 콕 집었다.
부산 동구, 중구에서 나란히 고배를 마신 노무현, 김정길이었다.

"노무현 의원, 김정길 의원……. 정말 면목이 없습니다. 통합
때문에 한 알의 밀알이 썩듯이 두 의원이 희생된 것이 너무 가슴
아프고 착잡합니다."

김대중은 연설 말미엔 "죄송하다"며 고개를 숙였다.

최연소 최고위원

—

민주당은 1992년 5월 26일 전당대회를 치렀다. 총선 두어 달
뒤였다. 그해 12월 대선을 겨냥한 당 체제 정비였다. 민주당 영
남 지역 지구당 위원장들은 김대중에게 '대선 후 2선 퇴진'을 요
구했다. 영남 지역에서 '김대중당' 깃발을 들었다는 이유로 몰
살을 당했던 사람들이었다. 노무현이 앞장섰다. 어쩔 수 없었다.
모두 노무현만 쳐다봤다.

노무현은 정공법을 택했다. 전당대회가 끝나고 김대중의 의
원회관 사무실을 찾아갔다. 담판이었다.

"총재님, 대선 승패와 상관없이 무조건 당권을 포기하겠다고 당원과 국민 앞에 약속해주십시오."

노무현은 대선 이후에도 민주당이 '김대중당'이어선 안 된다고 봤다. 그랬다간 다음 총선도 해보나 마나였다.

"그건 노 의원이 상관할 일이 아닙니다."

김대중은 불쾌한 낯빛을 보였다.

그러나 전당대회를 나흘 앞둔 5월 22일, 김대중은 "대선 당락에 상관없이 대선 이후 모든 당직에서 물러나겠다"고 선언했다. 노무현의 요구를 수용한 셈이었다. 노무현은 자전적 에세이《여보, 나 좀 도와줘》에서 당시를 이렇게 설명했다.

당시 총선에서 전멸해버린 영남 지역의 지구당 위원장들을 조금이나마 위로하고 안심시켜주자는 것이었다. 그래야 그들이 대통령 선거에 참여할 것이라는 생각이었다. 그분에게 미안했던 마음은 지금도 지워지지 않는다.

이후 노무현은 누구보다 앞장서서 김대중을 도왔다.《경향신문》11월 1일자는 그를 "가장 상품성 높은 조연"이라고 평가할 정도였다. 특히 젊은 사람들에게 인기가 높았다.

하지만 거기까지였다. 14대 대통령 선거에서 김대중은 김영삼에게 무릎을 꿇었다. '제3의 후보' 정주영이 보수층과 영남권 표 일정 부분을 잠식해줄 거라 기대했지만, 그런 위기감이 영남을 더욱 뭉치게 했다. 자기들끼리 복국집에 둘러앉아 "우리가 남이가"라고 외쳤다.

김영삼 997만 7,332표, 김대중 804만 1,284표……. 완벽한 패배였다.

김대중은 대선 바로 다음 날 정계 은퇴를 선언했다. 얼마 뒤엔 홀연히 영국으로 유학을 떠났다. 김대중이란 거목을 잃은 민주당은 그야말로 뻥 뚫렸다. 누군가가 그걸 메워야 했다.

남은 사람들끼리 전쟁을 벌였다. 당권 투쟁이 벌어졌다. 마침내 1993년 3월 11일 전당대회 일정이 잡혔다. 완전 자유 경선을 통해 당 대표 1인과 최고위원 8인을 뽑는 선거였다.

노무현은 기회가 왔다고 봤다. 1970년대에 '40대 기수론'을 걸고 한국 정치를 주도했던 3김 중 한 사람은 대통령이 됐고 또 다른 사람은 정계를 은퇴한 상황이었다. 그렇게 3김 시대는 저물었다고 봤다. '포스트 3김'은 또 다른 40대가 주도해야 한다고 믿었다. 원외 설움이 컸던 이유도 있었다. 어떻게든 지도부에 들어가야 했다. 노무현은 최고위원 경선 출마를 선언했다. 2월 1일이었다.

하지만 주변 여건은 척박했다. 돈이 있는 것도, 조직이 있는 것도 아니었다. 동교동과 관계가 좋은 것도 아니었다. 영남 출신이라는 희소가치가 있기는 했다. 하지만 그마저도 김정길 전 의원의 동반 출마로 빛이 바랬다. 더욱이 김정길은 재선, 노무현은 초선이었다. 부산·경남 지역 대표성을 따진다면 김정길이 한발 앞섰다.

주변에서도 "무모하다"고 말렸다. 경쟁자들도 쟁쟁했다. 모두 12명이었다. 권노갑, 한광옥, 김원기, 조세형 같은 중진들이 나섰다. 대부분 현역 의원들이기도 했다. 노무현은 떨어지면 당연한 거였고 8위 턱걸이만 해도 이변이었다.

3월 11일 전당대회가 열렸다. 5,895명의 대의원들이 당 대표 1인과 최고위원 4인에게 표를 던졌다. 당 대표 선거전이 워낙 치열해 최종 개표는 다음 날인 12일 자정을 넘어서야 발표됐다. 대표는 이기택이었다. 동교동이 밀었다. 예상을 벗어나지 않는 결과였다. 결국 관심은 최고위원이었다.

"득표순으로 말씀드리겠습니다. 김원기 후보, 유준상 후보, 조세형 후보, 권노갑 후보, 아…… 그리고, 노무현 후보……."

5등이었다. '동교동 맏형' 권노갑과 고작 2표 차이였다. 유일한 원외이기도 했다. 47세 최연소 최고위원이었다. 영남 지역 대표성을 놓고 경쟁했던 김정길은 9위에 머물러 지도부에 들어오지 못했다. 노무현은 《운명이다》에서 이렇게 말했다.

김정길 의원이 (최고위원) 1등을 한다는 소문이 났다. 영남 쪽에 한 표를 줘야 하지 않을까 고민하던 호남 대의원들이 노무현 불쌍하다고 표를 너무 많이 주었던 모양이다. 그 바람에 김정길 의원이 떨어져버렸다.

겸손한 분석이었다. 당시 그의 비서로 있었던 서갑원은 "당연한 결과"라고 했다.

"이광재 보좌관과 함께 대의원 명단을 펴놓고 표 계산을 해봤죠. '잘하면 3등, 못해도 4등'이겠더라고요. 떨어진다는 생각은 단 한 번도 한 적이 없었어요. 김영삼의 총애를 받으면서도 안 따라가서 낙선하고, 그러고도 김대중을 위해 목이 터져라 선거운동 하고……. 그거 몰랐던 당원들 없었습니다. 대의원 1인당 표가 4개인데, 그중 하나 노무현한테 안 주면 말이 안 되는 거였죠."

사실이었다. 노무현은 1992년 대선을 앞두고 당원 교육을 위해 전국을 뛰었다. 그는 입버릇처럼 "당원 스무 명만 모여 있으면 어디든 가겠다"고 했다. 그때 도움을 준 게 유인태 의원이었다. 유인태는 당시 중앙당 연수원장이었다. 연수원장은 당원 교육 때 강사를 배정할 권한을 갖고 있었다. 노무현한테 강사를 거의 몰아주다시피 했다. 노무현은 구수한 입담으로 당원들을 갖고 놀았다. 어쨌든 '3·11 전대'에서는 대이변이 일어났고 그때부터 노무현은 '노 최고'로 불리기 시작했다.

가난한 정치인

—

안녕하십니까? 노무현입니다. 여러분과 함께 정치를 새롭게 하고 싶습니다. 후원해주십시오. 모금 단위 1만 원 이상. 문의: 02)784-2245

《동아일보》1993년 12월 15일자 1면 우측 하단엔 조그마한 1단 광고가 실렸다. 광고주는 노무현 후원회. 후원회장인 이기명의 농협, 국민은행 계좌 번호가 적혀 있었다. 정치인 후원회 광고가 신문 1면에 실린 건 이례적이었다. 현직도 아닌 전직 의원의 광고는 더 그랬다.

노무현 후원회의 유별남은 여의도에서 진작부터 유명했다. 시작은 1988년 5공 청문회였다. 노무현은 하루아침에 스타가 됐다. 격려 전화와 팬레터가 의원회관 사무실로 밀려들었다. 업무를 볼 수 없을 정도였다. 이기명은 "그때 의원회관에 들어오는 우편물의 80퍼센트는 모두 노무현 의원실로 왔다"고 했다.

항상 돈이 문제였다. 노무현은 전국의 노동 현장을 누볐다. 와 달라는 부탁에 응하기도, 스스로 찾아가기도 했다. 그때 타던 차가 기아 콩코드였는데, 1년에 20만 킬로미터를 달렸다. 그만큼 써야 하는 돈도 많았다. 세비로는 감당이 안 됐다.

의원실도 허덕였다. 13대 때는 보좌진을 4명 고용할 수 있었다. 그런데 노무현 의원실은 특이했다. 월급날만 되면 자기들끼리 월급을 한데 모았다. 그리고 다시 나눴다. 지위고하를 막론하고 부양가족이 많은 사람이 더 가져갔다. 운전기사 월급이 가장 많았고 보좌관 이광재 월급이 가장 적었다. 그마저도 쪼개고 쪼개서 두세 명의 인턴 직원을 추가로 고용했다. 일이 많아서였다.

마침 1989년 12월 정치자금법이 개정되면서 국회의원 후원회를 만들 수 있었다. 법은 생겼지만 현실과는 거리가 있었다. 여당 의원들은 후원회를 두지 않았다. 돈 걱정할 필요가 없어서였다. 야당 의원들도 후원회를 두지 않았다. 야당에 돈 낼 바보는 없어서였다. 당시에는 세상이 그랬다.

노무현 의원실은 손가락만 빨고 있을 순 없었다. 응원 편지를 보낸 시민들에게 역으로 "도와달라"고 했다. "어떻게 도우면 되겠냐"는 답장이 적지 않았다. 그렇게 1990년 8월 10일 여의도 서린빌딩에 후원회 사무실을 마련했다. 9월 15일에는 대학로 흥사단 강당에서 '사람 사는 세상, 노무현 후원회' 준비 모임 결성식을 가졌다.

하지만 14대 총선에서 낙선하자 후원금 모금액도 곤두박질쳤다. 지도부에 입성하면서 활동은 더 왕성해졌지만 생활은 더욱 팍팍해졌다. 변호사 사무실에 적은 두고 있었지만 그야말로 적만 두고 있었다. 최고위원이라 일은 일대로 많아 변호사 활동을 할 수가 없었다. 들어오는 돈은 없었다. 나가는 돈은 더 많았다.

'최고위원'은 그때만 해도 대단한 자리였다. 더군다나 그는 영남권 유일의 최고위원이었다. 생활고에 허덕이는 원외 영남 지역 위원장들에게 돈을 쥐어줘야 했다. 그런데 그럴 수 없었다. 그러다 보니 "보증 좀 서달라"는 요청을 덜컥 들어주기 일쑤였다. 훗날 노무현과 측근들의 발목을 잡았던 생수 회사 장수천도 그렇게 보증을 섰다가 넘겨받은 거였다. 그럴 때마다 부인 권양숙의 속은 새까맣게 탔다.

1994년 《여보, 나 좀 도와줘》를 출간한 건 그런 궁핍함을 달래보려는 이유도 있었다. '청문회 스타'라는 이름값을 기대했다. 언론에서 "정치인으로서 보기 드물게 솔직담백한 자기 고백"이란 호평을 받았다. 그러나 책을 기획했던 윤태영은 "기대만큼 팔리지 않았다"고 했다.

원외 시절 어느 날엔 이런 일도 있었다. 노무현은 은행 지점장이 된 부산상고 동문을 찾아갔다. 내내 다른 이야기만 했다. 진짜 '본론'은 자리를 털고 일어나기 직전에야 겨우 꺼냈다.

"이봐, ○○이. 돈 좀 있는가."

그 친구는 말이 끝나기 무섭게 노무현 손에 10만 원짜리 수표한 장을 쥐어줬다. 노무현은 훗날 이광재에게 이 이야기를 했다. 그러면서 이렇게 말했다.

"아마도 내가 죽고 싶은 충동을 느꼈던 때가 그때가 처음이지 싶네."

계속 변호사 일을 하고 있기는 했다. 하지만 사실상 개점휴업이었다. 선거에 연거푸 실패하면서도 변호사 사무실을 운영하긴 했지만 '건달'이 된 지 몇 년이 흐르자 '변호사 노무현'을 찾는 사람은 없었다.

그럴 때마다 후원회장 이기명은 눈치가 보였다. 주변에선 "노무현에게서 돈 한 푼 받은 적 없고, 노무현에게 돈 한 푼도 모아준 적이 없는 이상한 후원회장"이란 소리를 듣고 있었다. 칭찬인지 욕인지 모를 말이었다. 이기명은 애초부터 돈과는 거리가 먼 사람이었다. 방송 작가를 하다 '인간 노무현'에 매료돼 후원회장을 덜컥 맡았을 뿐이었다.

돈이 너무 쪼들리자 젊은 참모 몇 사람이 꾀를 냈다. 크게 사업을 하는 부산상고 출신 기업인을 후원회장으로 새로 영입하면서 이기명을 '서울' 후원회장으로 돌렸다. 이기명은 조금 섭섭했지만 이해했다. 일반적인 생각대로라면 제일 환영했을 사람은 노무현이었다. 젊은 참모들은 대장이 하고 싶은 걸 자신들이 대신했다고 생각했다. 반대였다. 이기명의 회고다.

"젊은 참모들을 정말 사정없이 꾸짖더군요. '없으면 없는 대로 살면 된다. 다시는 이런 짓 하지 마라'고. 허허. 그러니까 더 미안했죠. 그래도 기분은 정말 좋았어요. 야, 역시 노무현이란 인간 참 멋지구나!"

불화

—

1995년 5월 12일, 부산일보사 대강당에선 '민주당 부산광역시 지부 임시대의원대회'가 열렸다. 6월 27일 부산시장 선거에 나갈 민주당 후보를 뽑는 자리였다.

장내는 썰렁했다. 취재진도 얼마 없었다. 이런 세간의 무관심은 승패와 닿아 있었다. 부산에서 민주당 후보가 승리할 가능성은 거의 없었다. 그렇다고 당원, 대의원들이 북적인 것도 아니었다. 1990년 3당 합당의 광풍은 부산에서 야당 조직을 완전히 와해시켰다. 바로 그런 자리에 노무현 부총재 겸 부산시 지부장이 있었다.

노 부총재는 이날만큼은 '경선 후보'였다. 나흘 전인 9일 출마선언을 했다. 그때만 해도 경선을 치를 거라고는 생각 못 했다. 본인도, 주변에서도 이날은 '추대식'일 거라고 생각했다. 경선은 이길지도 모를 본선을 치를 때라야 의미가 있는 거였다. 이번 부산시장 선거는 그런 게 아니었다. 지는 게 지극히 자연스러운 선거였다. 그런데 갑자기 경쟁자가 뛰어들었다. 일부러 싸움을 붙인 거였다. 정치 도의가 아니었다. 그게 누구 뜻인지 누가 봐도 뻔했다.

노무현은 민주당 이기택 총재와 가깝지 못했다. 정치권에 몇 안 되는 부산상고 선배였는데도 그랬다. 3당 합당 때 김영삼을 따라가지 않고 민주당을 함께 지킨 동지였지만 이상하게 궁합이 안 맞았다.

결정적으로 불신이 싹튼 건 1993년 4월 경기도 광명 보궐선거를 앞두고였다. 김영삼 정부 출범 후 첫 선거였다. 김영삼 대통령 지지율은 90퍼센트를 넘기고 있었다. 야권 존립을 위해서라도 어디 한군데쯤은 승리가 필요했다.

그런데 더 기민한 건 민자당이었다. 서강대 손학규 교수를 영입했다. 깜짝 발탁이었다. 그는 김근태, 조영래와 함께 '서울대 운동권 3인방'으로 불리던 재야인사였다. 직전 대선에서 김대중을 더 많이 찍었던 광명 표밭을 의식한 영입이었다.

민주당은 진통을 거듭했다. 거론되는 후보 중 누구를 붙여도 손학규를 이기지 못했다. 그런데 당 여론조사에서 '노무현이면 이긴다'는 결과가 나왔다. 광명시 당원들이 출마를 종용했다. 노무현도 그러길 원했다. 《여보, 나 좀 도와줘》에는 같은 해 7월 16일 서울 동교동을 찾아 김대중과 나눈 대화가 나온다.

선생님은 저를 (광명에) 공천해야 한다고 하셨다는데, 주변 분들은 왜 저를 반대했는지 섭섭하기도 하고 이해하기도 어렵습니다.

당 지도부는 노무현의 출마 여부를 놓고 투표를 했다. 찬성 4, 반대 4로 동률이었다. 이 정도면 공천하는 게 상식이었다. 하지만 이기택은 그러지 않았다. 광명 후보가 된 사람은 이기택과 특별한 인연이 있었다.

광명 때와 비슷한 상황이 2년 뒤 부산에서 재연되고 있었다. 노무현은 여론조사에 강했다. 부산시장 여론조사를 돌려보면 야권 후보 중에선 1등이었다. 어떤 조사에선 오차 범위였지만 민자당 후보들을 모두 앞섰다. 그런데 이기택은 엉뚱하게도 당 밖에서 후보를 찾고 있었다. 부산시 지부장인 노무현과는 일언반구 논의도 없었다. 요즘 말로 '패싱'이었다.

특히 영입에 공을 들인 사람은 전 부산시장 안상영이었다. 민자당 후보로 거론되는 사람들은 하나같이 직업 정치인들이었다. 정통 관료 출신인 안상영을 영입해 '정치인 vs 행정가' 구도를 만들겠다는 게 이기택의 구상이었다.

상처뿐인 영광

—

처음에 노무현은 부산시장 선거에 관심이 없었다. 그즈음 지역 언론에선 '부산지역정책연구소'를 만든 걸 놓고 사전 작업이라고도 수군댔지만 그런 포석을 둔 게 아니었다. 실제 당시 언론 보도를 봐도 노무현은 선거에 '공식적으로는' 무관심했다.《서울신문》1995년 3월 19일자에는 "내가 왜 또다시 부산에 나가 총알받이를 해야 하느냐"고 했다. 같은 달 30일자《세계일보》에는 "선거는 이기려고 나가는 거지 그냥 나가는 게 아니"라며 '필패론'을 점쳤다. 심지어 "냉정한 정치 현실을 있는 그대로 보여줘 시민 의식의 전환을 시도해야 할 상황"이라고도 했다. 야당이 왕창 깨지는 걸 보여줘서라도 스스로 깨어나게 해야 한다는 말이었다.

분위기가 급변한 건 5월에 막 접어들면서였다. 안상영 영입이 최종 무산됐다. 민주당 후보로 나가선 승산이 없다고 봤던 거였다. 외부 영입이 무산되자 시선은 안쪽으로 쏠렸다. 노무현이 1번이었다. 그도 흔들리기 시작했다. 일단 의무감이었다. 부산에 야당 기반은 만들어놔야 한다고 생각했다. 각종 여론조사에서 확인된 인기도 그를 안심시켰다. 부산 사람들은 노무현을 잊지 않고 있었다.

이 무렵 노무현은 출마 문제를 상의하러 김정길을 찾아갔다. 김정길은 3당 합당 때 김영삼을 따라가지 않은 '부산 동지'였다. 노무현이 말했다.

"김 의원이 부산시장에 나가신다면 저는 안 나가렵니다. 하지만 김 의원이 안 하신다면……. 제가 한번 해보고 싶습니다."

김정길 역시 시장 출마를 권유받고 있었다. 하지만 그는 양보했다. 김정길은 훗날 "다른 사람도 아닌 노무현이 출마하고 싶다면 내가 나가겠다고 말할 수 없는 상황이었다"고 말했다.

문제는 돌고 돌아 다시 이기택이었다. 노무현은 4월 17일 김정길을 통해 출마의 뜻을 이기택에게 전했다. 당시 《한겨레》 4월 20일자 한 토막.

노무현 부총재는 지난 17일 김정길 전 최고위원을 통해 이기택 총재에게 출마 의사를 전했다. 경선 없이 '모양새 좋게' 나설 수 있도록 해달라는 것이었다. 그러나 이 총재는 출마할 경우 "경선을 거쳐야 한다"고 소극적인 반응을 보였다.

노무현은 5월 9일 부산시장 선거 출마를 공식 선언했다.

"제1야당이 부산시장 선거에 후보를 내지 않는 것도, 후보가 마땅치 않은 형편에 당원으로서 이를 외면하는 것도 도리가 아니라고 판단해 출사표를 던졌습니다. 일단 선거가 시작되면……. 거당적으로 당력을 집중해야 하는 만큼 이기택 총재와도 화해해야겠지요?"

하지만 출마 다음 날 경쟁자가 등장했다. 황백현 부산진구 을 지구당 위원장이었다. 그는 이기택과 가까웠다. 그의 출마는 노무현의 러브콜에 대한 이기택의 대답이었다. 《운명이다》를 보자.

부산의 지구당 위원장 한 사람이 부산시장 후보 경선에 뛰어들었다. 본선 경쟁력의 우열은 따질 필요조차 없는 사람이었다. 상황이 이상하게 흘렀다. 대의원들 사이에 안상영 씨 영입에 반대하는 등 이기택 총재를 거슬렀다는 이유로 "노무현을 물먹이자"는 말이 돌았다.

자칫하면 노무현이 질 수도 있는 상황이었다. 부산 지구당 위원장 대부분이 이기택계였다. 노무현에게 본선도 아닌 경선 패배는 그냥 끝이었다.

현장 분위기도 시계 제로였다. 당의 거의 모든 지도부가 참석했지만 단 한 사람, 이기택이 보이지 않았다. 당 총재의 불참은 그 자체가 메시지였다. 노무현은 전날 이기택을 찾아가 축사를 부탁했다. 그런데도 오지 않았다.

노무현이 먼저 연단에 올랐다. 그는 '이기는 후보'를 역설했다. "어렵지만 승산 있습니다. 해볼 만한 싸움을 할 수 있습니다. 이기는 시장 후보를 내야 합니다. 우리 황백현 후보 체면 살려주려다 실수하지 마십시오. 하하. 농담하다 사람 잡지 마십시오. 물론 이곳 부산, 민자당 안방인 거 맞습니다. 설사 지더라도 잘 싸울 수 있는 후보를 뽑아주십시오."

상대 후보는 노골적이었다. 노무현과 이기택의 갈등을 적극 부각했다.

"이기택 총재와 노선을 같이하고 동반 관계가 될 사람을 시장 후보로 만들어야 이기택 총재를 다가오는 대선에서 대통령으로 만들 수 있는 것 아니겠습니까? 물론 제가 노무현 후보보다 지명도가 떨어지는 건 사실입니다. 하지만 제가 노 후보를 꺾는 순간 전국적인 지명도를 갖게 됩니다."

투표가 시작됐다. 총 투표자 수는 133명. 인원이 많지 않아 결과 발표까지 오랜 시간이 걸리지 않았다.

"노무현 후보 73표, 황백현 후보 60표. 이것으로 민주당 부산시장 후보에 노무현 후보가 선출됐음을 선언합니다."

이겼지만 진 승부였다. 5공 청문회 스타, 전직 의원, 당 부총재, 당 부산시 지부장, 그런데 무명의 지구당 위원장에게 고작 13표차, 신승辛勝이었다. 《세계일보》 1995년 5월 13일자는 이런 관전평을 남겼다.

대의원들조차 표를 몰아주지 않았다. 게다가 당 안팎에서 제기되고 있는, 15대 총선을 앞두고 지명도를 높이기 위한 출마라는 음해와 서울로 탈출하기 위한 명분 축적용이 아니냐는 사시를 불식시켜야 하는 부담을 안고 있다. 노 부총재는 상처뿐인 영광을 뒤로한 채 민자당 문정수 후보를 상대로 벅찬 승부를 벌여야만 한다.

여담이지만 이즈음 노무현에게는 또 다른 선택지가 있었다. 서울시 정무부시장이었다. 민주당 서울시장 후보로 영입된 조순 전 부총리의 짝꿍으로 그가 적임이라는 거였다. 《운명이다》에선 그 아이디어를 이해찬 의원이 냈다고 했다.

민주당 서울시장 후보가 조순 씨였는데 무소속 박찬종 후보에게 많이 밀리고 있었다. 이해찬 의원이 젊은이들에게 인기 있는 노무현을 정무부시장 러닝메이트로 지명하자는 아이디어를 냈다. 정무부시장이 되어 차기 서울시장을 겨냥해볼 수도 있겠구나, 침이 꿀꺽 넘어갔다.

'노무현의 오른팔' 이광재 말은 다르다. 자신이 직접 조순을 설득해 '노무현 정무부시장'에 대한 동의를 구했다고 했다. 이광재는 당시 조순 캠프에서 기획팀장을 맡고 있었다. 그의 나이 30세였다.

"조순 후보를 도우면서도 노무현 의원의 원외 생활을 끝낼 방법이 뭐가 있을까 궁리했더니 '정무부시장'이 떠오르더군요. 조순 후보는 연세가 많아 재선은 안 할 테니 노무현 의원이 정무부시장을 하다가 차기 서울시장, 대통령 이렇게 단계를 밟아가면 가능성이 있다고 봤던 거죠."

이광재는 곧바로 부산에 내려가 노무현을 만났다. 조순의 뜻과 자신의 구상을 설명했다.

"그거 괜찮은 생각인데?"

노무현의 첫 반응은 호의적이었다. 그는 고개를 끄덕이면서도 즉답은 피했다. 골똘히 생각에 잠기더니 한참 뒤에야 입을 뗐다.

"하루만 더 생각해봅시다."

노무현은 이튿날 아침 이광재를 다시 불렀다.

"나 그냥 부산시장에 나갈란다."

이광재는 허탈했다. 조순까지 설득해가며 어렵사리 만들어온 기회였다. 실망한 낯빛이 역력한 이광재를 보며 노무현은 말을 이었다.

"광재 씨, 정치라는 건 지지자들한테 그 사람들이 흔쾌히 찍고 싶은 투표용지 속 빈칸을 만들어주는 거야. 그런 후보가 없다면 얼마나 안타까운 일이겠는가. 무엇보다 전국 정당이라는 건 내 소명이란 말이지. 난 부산을 떠날 수가 없네. 고맙지만 미안하이."

이광재는 다시 서울로 가야 했다. 약속은 약속이었다. 마음이 불편했다. 부산시장 선거, 쉽지 않은 승부였다. 대장을 놔두고 쉽게 발길이 떨어지지 않았다.

"'나도 여기 있어야 하는데……' 하는 생각이 드니까 미치겠더라고요. 그런데 노무현 의원이 그랬어요. '부산시장 선거보다는 서울시장 선거가 훨씬 더 중요해. 빨리 올라가서 조순 후보 도와.' 그렇게 제 마음을 풀어주시더라고요."

훈풍

—

노무현의 인기는 후보가 된 순간부터 꿈틀댔다. 5월 12일 후보 확정 직후《중앙일보》여론조사에서 지지율 31.8퍼센트가 나왔다. 21.3퍼센트에 그친 민자당 문정수를 10퍼센트포인트 가까이 앞섰다. 50세 이상에서만 뒤질 뿐 20~40대에선 문정수를 멀찌감치 따돌렸다. 다른 여론조사들도 비슷했다. 무응답 비율이 높은 게 흠이라면 흠이었다. 어쨌든 초반 기선 제압엔 성공했다. 민주당 부산시 지부는 "정권을 만든 부산에서 민자당 후보가 이렇게 인기 없는 줄 몰랐다"며 흥분을 감추지 못했다.

거기엔 복합적인 정서가 깔려 있었다. 김영삼에 대한 실망이었다. 1995년은 부산 지역 경기가 본격적인 내리막을 탈 때였다. "대통령 만들었더니 해주는 게 없다"는 정서가 퍼졌다. 삼성자동차 공장 유치와 부산아시안게임 개최권 획득이라는 희소식이 있긴 했다. 다만 시민들이 체감하기엔 시간이 더 필요했다.

노무현에 대한 부채감도 있었다. 단지 김영삼을 따라가지 않았다는 이유만으로 '5공 청문회 스타'를 헌신짝처럼 패대기쳐버린 데 대한 미안함이었다. 김영삼 다음의 '부산 차세대'를 키워야 한다는 전략적 판단도 배어 있었다. 이는 민자당 부산시장 후보군 중 가장 인기가 없었던 문정수에 대한 실망감과도 연결되는 문제였다.

'노풍'이 불기 시작했다. 노무현은 6월 초 월간지《말》인터뷰에서 "13·14대 총선 때와 다른 시민들의 반응을 느낄 수 있다"면서 "이길 것으로 '확신'한다"고 했다.

그즈음인 6월 4일 부산상고에선 큰 행사가 있었다. 개교 100주년 기념식이었다. 부산상고는 노무현의 거의 유일한 학맥이었다. 그에겐 각별했다. 문정수도 참석했다. 하지만 주인공은 '53회 졸업생' 노무현이었다. 동문들의 열렬한 환호와 격려가 쏟아졌다. 여러 동문들이 기념사를 통해 그를 치켜세웠다. "고졸 출신 초대 민선 시장이 탄생한다면 학력 위주의 사회에서 많은 사람들에게 희망을 줄 것이다" 같은 이야기였다.

급기야 사람들은 그를 불러내 헹가래를 쳤다. 문정수가 보는 앞에서 동문들은 '노무현'을 연호했다. 당시 행사를 취재한 《부산일보》는 "고무된 표정이 역력한 노 후보는 '백만 대군을 얻은 기분'이라고 말했다"고 보도했다.

그런데 노무현이 과연 '고졸 출신 초대 민선 시장' 같은 타이틀을 즐겼을까. 관련해선 일화가 있다. 당시 캠프에선 문정수의 '힘 있는 시장론'에 맞서 '고졸 시장'을 밀자고 했었다고 한다. 하지만 노무현은 동의하지 않았다. 참모들은 "개인적 아픔 때문"이었을 걸로 봤다. '가방끈 콤플렉스'는 노무현을 평생 괴롭혔다.

당시 같은 당 홍사덕 의원이 부산시장 지원 유세를 왔다. 그는 청중들에게 이렇게 말했다. "여러분, 자식들이 대학 못 가면 얼마나 마음이 아픕니까. 대학에 못 가면 장가도 시집도 못 갑니다. 하지만 여러분, 노무현이 시장이 되면 그 사람들은 노무현을 보며 꿈을 꿀 겁니다. 잘될 수 있다는 희망을 가질 것입니다."

단상에 있던 노무현은 손수건을 꺼내 눈물을 훔쳤다고 한다.

여권은 비상이 걸렸다. 그날 저녁 해운대 파라다이스비치호텔에 민자당 부산 출신 의원들이 하나둘씩 모였다. 모임의 주최자는 최형우 의원이었다. 회동이 끝나고 박종웅 의원은 "문정수 후보에 대한 적극적인 홍보 대책이 미흡했다는 지적이 많았다"면서 "(참석자들이) 자기 지역구뿐 아니라 부산 전체를 챙기겠다는 각오를 다졌다"고 했다. 최형우는 "내 선거를 치른다는 생각으로 운동화를 신고 골목골목을 누비겠다"고도 했다.

급하긴 청와대도 마찬가지였다. 김영삼 입장에서 부산을 뺏
긴다는 건 서울을 내주는 것만큼의 정치적 타격을 의미했다. 청
와대가 얼마나 초조했는지를 보여주는 일화가 있다. 김영삼은
그해 6월 8일 갑자기 부산을 찾았다. 일정에 없던 깜짝 방문이
었다. 아시안게임 특별지원법 제정, 부산 미군 부대 부지의 선수
촌 활용, 가덕항 개발 및 김해공항 확장…… 선물 보따리를 가
득 풀어놓고 서울로 올라갔다.

노무현은 "선거를 앞둔 시점에 대통령이 부산을 방문한다는
것은 이유가 어디에 있든 대통령이 수차례 언급한 공명선거 실
천 의지와 맞지 않는다"고 비판했지만 이런 식의 물량 공세는
일찌감치 예상됐던 상황이었다. 문정수 캠프에선 "지지율만 올
릴 수 있으면 돈은 얼마든지 갖다 써라"는 이야기도 들려왔다.

노무현은 그럴 수 없었다. 그럴 수 없어서였다. 항상 그랬듯
자원봉사자의 참여에 기댔다. 《한겨레》 6월 12일자 3면에 자원
봉사자 모집 광고를 냈다. 〈저는 부산시민임을 자랑스럽게 생각
합니다〉란 제목이었다. 광고라기보다는 칼럼에 가까웠다.

올해 초 중앙의 한 주간지에 한국의 지역 분할 구도를 비평하면서
다음과 같은 글을 실은 적이 있었습니다. "영남의 부산엔 노무현
이 있는데, 호남의 광주엔 노무현이 없다." 여와 야가 균형 잡힌 새
시대, 새 정치를 만들기 위해서는 여당의 텃밭인 부산에 노무현이

'버티고' 있는 것처럼 야당의 텃밭인 광주에도 여당 정치인들이 노력해야 한다는 내용이었습니다. 그러나 이번 부산시장 선거에 출마하면서 저는 놀랐습니다. 저 혼자 독불장군처럼 '버티고' 있다고 생각했는데 사실은 그렇지 않았기 때문입니다. 이미 우리 부산시민들은 지역감정이라는 낡은 울타리를 극복하고 계셨기 때문입니다. 열두 차례의 공개 여론조사에서 초대 민선 시장에 저를 제1위로 지목해주셨습니다. 지역감정을 뛰어넘는 우리 부산시민들의 성숙한 정치의식에 저는 감사를 드립니다.

정작 "자원봉사자를 모집한다"는 말은 구석에 조그맣게 달려 있었다.

정치인으로서 노무현의 약점 중 하나는 지나치게 '염치가 있다'는 거였다. 선거운동이 한창이던 6월 초쯤이었다. 부산 서대신성당 주임을 맡고 있던 송기인 신부가 "성당에 큰 행사가 있으니 잠깐 들러달라"고 했다. 노무현 캠프 선거기획단장을 맡고 있던 설동일은 송기인의 속내를 알아차렸다. 선거운동을 하라고 판을 깔아주려는 거였다. 일러준 시간에 노무현을 데리고 성당을 찾았다. 하지만 노무현은 송기인에게 인사만 하고 성당을 서둘러 나오려고 했다. 당황한 설동일은 노무현의 팔을 잡고 막아섰다.

"아따 변호사님예, 뭐 하시는 거라예. 이 사람들 이기 다 폰데…… 신부님이 괜히 오라 했겠는교? 악수도 쫌 하고……."

노무현은 팔을 풀었다.

"넘에 잔치 와가 그라믄 되겠나. 안 돼. 그라모 안 돼."

돈이 없으면 '공약 장사'라도 해야 했다. 하지만 그마저도 잘 안 했다. 부산지역정책연구소에서 일했던 참모 이호철이 '부산시 100대 공약'을 정리한 보고서를 뽑아왔다. 노무현은 하나하나 꼼꼼히 검토해나갔다. 절반쯤이나 봤을까. 그는 보고서를 덮어버렸다.

"아이고, 내 이런 약속 몬하것다. 그냥 가따 버리삐지."

노무현은 실제 유세 때마다 "지키지 못할 공약만 남발하며 거짓말하는 정치인은 나쁜 사람, 거짓말하는 정치인에 속는 시민은 바보"라고 했다.

노무현에게도 서서히 먹구름이 몰려왔다. 부산 바깥에서였다. 5월 13일 민주당 경기도지사 후보 경선이 열렸다. 경선 후보 간 충돌로 몸싸움이 벌어졌다. 지지 문구를 적어놨던 피켓이 각목으로 변했다. 곳곳에서 두드려 맞는 사람들이 속출했다. 국회의원도 예외가 아니었다. 동교동 좌장인 권노갑은 기자실로 몸을 숨겨 운 좋게 화를 피했다. 아수라장이었다.

노무현은 폭력 사태 직후 《시사저널》 인터뷰에서 "손해가 많이 날 것 같다. 심한 피해를 볼 거다. 우선 당당하게 나서기가 어렵게 됐다"고 자조했다.

하지만 진짜 시한폭탄은 따로 있었다. 김대중 아시아태평양평화재단 이사장의 묘한 행보였다. 이미 김대중의 정치 활동 재개를 둘러싼 의구심이 날이 갈수록 깊어가고 있던 터였다. 결정타는 5월 26일 국민대 행정대학원 초청 강연, 27일 전남 여수 강연에서였다. 6·27 지방선거를 뿌리째 뒤흔들었던 '지역등권론' 파문의 시작이었다.

지역등권론

—

김대중은 국민대와 여수 강연에서 "특정 지역이 모든 걸 차지하고 나머지 지역을 소외, 박해하는 것이 지역 패권주의"라며 "지방선거를 통해 특정 지역에 의한 수직적 지역 패권주의가 사라지고 수평적인 구도로 분화될 것"이라고 했다. 그러면서 "앞으로 지역 구도가 4~5개의 분할 구도로 나눠지는 것이 현실이고 PK(부산·경남)에 의한 패권주의는 머지않아 사라지게 될 것"이라고도 했다.

사람들은 귀를 의심했다. 그때나 지금이나 지역주의는 '나쁜 것'이었다. 극복해야 할 대상이었다. 더군다나 김대중은 자타가 공인하는 지역주의의 피해자였다. 그런 그의 입에서 나온 이야기치고는 많이 이상했다. 지방선거를 계기로 지역주의가 잘 뿌리내려야 한다는 것처럼 들렸다.

김대중 역시 "이것이 바람직한 것이냐 아니냐를 떠나 각 지역이 자기 권리를 가지고 협력하는 수평적 관계가 된다는 것은 과거보다 진보적이고 개량적인 상태"라고 했다. 좋은 말을 듣지 못할 거란 걸 본인 스스로도 알고 있었다.

김대중에겐 정권 교체가 더 급했다. 마지막 도전이었다. 지역주의 극복은 그다음이었다. 정권을 잡기 위해선 어떻게든 3당 합당 체제가 낳은 호남 고립 구도를 깨야 했다. 마침 김종필이 민자당을 탈당하고 자유민주연합을 창당했다. 충청 지역 정당의 탄생이었다.

김대중은 가능성을 봤다. 6월 지방선거에서 민주당이 수도권·호남권을, 자민련이 충청권을 석권하고, 무소속이 대구·경북에서 선전한다면 김영삼의 민자당을 부산·경남에만 가둘 수 있다고 봤다. 지역주의는 고착화되겠지만 호남 고립은 깰 수 있는 신의 한 수였다.

김종필은 곧바로 화답했다. 1991년 지방선거 당시 김대중을 명예훼손 혐의로 고발한 사건을 자진해 취하하더니, 김대중의 정계 복귀 논란에 대해서도 "정치를 하겠다는데 안 된다고 할 순 없는 것 아니냐"고 두둔했다.

지역등권론에 대해서도 "부산과 경남을 중심으로 한 지역 패권주의를 독점하고 있는 민자당 정권이 어떻게 지역등권론을 비판할 수 있느냐"며 김대중에게 힘을 실어주었다. 선거는 3김에 의한 지역 구도로 급격히 개편되고 있었다.

부산 노무현 캠프는 초비상이 걸렸다. 그러잖아도 무소속 출마가 확실했던 안상영 전 시장이 갑자기 출마 포기를 선언하면서 판이 출렁이고 있었다. 문정수의 지지 기반 잠식을 기대했던 변수가 사라지고 말았다.

지역등권 파문은 곧바로 지지율에 영향을 주기 시작했다. 《세계일보》 5월 29일자 여론조사에서 노무현의 지지율은 37.1퍼센트였으나 문정수는 32.1퍼센트를 기록, 5퍼센트포인트 추격을 허용했다. 오차 범위를 가까스로 벗어나는 수준이었다. 하지만 당선 가능성에선 문정수를 꼽는 응답이 배나 많았다. 불길한 징조였다.

노무현은 부산에만 있을 수 없었다. 5월 30일 상경했다. 서울 마포 민주당사 기자실을 찾았다. 그는 격앙된 상태였다.

"지역등권론은 출신 지역을 투표의 기준으로 삼는 지역주의적 발상에 뿌리를 둔 것입니다. 그런 논리대로라면 내가 부산을 지켜야 할 이유가 없지 않습니까? 안 그렇습니까?"

동교동은 생각이 달랐다. 부산은 관심사가 아니었다. 어차피 이길 수 없는 곳이라고 봤다. 김대중의 명성과는 큰 상관이 없는 지역이었다. 수도권 승리가 더 중요했다. 그걸 위해선 호남이 움직여야 한다고 봤다.

동교동은 노무현의 상경 투쟁에도 보란 듯이 김대중의 지방선거 유세 계획까지 발표했다. 김대중은 "후보들의 빗발치는 요청에 대해 당원의 도리를 다하기 위해" 유세를 시작한다고 아태재단을 통해 밝혔다.

김대중은 6월 15일 오전 경기도 안양 뉴코아호텔 앞에서 첫

대중 유세를 시작했다. 공교롭게도 그가 첫 유세를 시작한 날, 부산 범일동 일대에선 지역감정을 한껏 자극하는 흑색선전물이 발견됐다. '전남민중통일연합'이란 단체명이 적혀 있었다. 〈노무현 부총재를 지원하여 김대중 통일 대통령을 만듭시다〉란 제목이었다. 내용은 이랬다.

나라가 이렇게 어려울 때 김대중 선생님의 경륜과 철학이 필요하며 김대중 선생님은 정치 활동을 재개해야 한다. 선생님은 이기택을 포기하셨고 이제 노무현 부총재에게 새로운 역할을 맡겼으며 노 부총재는 고등학교 선배인 이기택을 반대하고 선생님 뜻을 따르고 있다…….

노무현 캠프는 민자당 소행이라고 의심했지만, 민자당은 "노무현 후보 측의 자작극이 의심된다"고 선수를 쳤다. 적반하장이었다. 난감했다. 모른 척 덮어버릴 수도, 그렇다고 마냥 키울 수도 없는 노릇이었다.

비슷한 유인물이 6월 23일에도 발견됐다. 부산진구, 중구, 해운대구, 영도구 등 거의 부산 전역에서 발견됐다. 수거된 유인물 중에는 전남 순천과 광양의 우체국 소인이 찍힌 것도 섞여 있었다. 누가 봐도 공작의 냄새가 났다. 하지만 시민들은 그렇게 생각하지 않았다. 부산시장 선거판이 '김영삼이냐, 김대중이냐'가 되는 순간이었다.

노무현은 6월 15일 부산역 광장 집회에서 김대중에게 지원 유세 중단을 촉구했다.

"김대중 이사장이 내세우는 지역등권주의는 충청도의 김종 필, 대구의 TK세력, 호남·서울의 민주당이 합세해 부산을 고립 시키려는 전략 아닙니까? 김 이사장은 즉각 지원 유세를 중단하 십시오. 지역주의를 부추기는 지역등권주의가 역사가 나갈 방 향입니까? 김 이사장님! 지원을 하려거든 지역주의를 극복하는 방향으로 하십시오. 계속 지역주의를 부추긴다면 저는 이에 맞 서 끝까지 싸울 것입니다."

물론 민자당에 대해서도 "지역감정을 비판하는 척하면서 부 추긴다"고 날을 세웠다. 사실이었다. 이런 상황을 가장 즐긴 건 민자당과 문정수 후보 캠프였다. 김대중이 살아야 김영삼이 살 고 김영삼이 살아야 문정수가 사는 선거 판세였다.

DJ 유세 중단 요구는 산토끼를 잡으려는 고육지책이었다. 하 지만 다른 한쪽에선 김대중과 각을 세울수록 부산에 사는 적지 않은 호남 사람들의 표를 잃을 수 있다는 우려도 했다. 노무현은 훗날 "선거전을 치르는 중이라 (지역등권론의) 자세한 내용을 몰 랐다"고 했다. 내용도 모르고 일단 비판해야 할 만큼 절박했다.

서울에서도 노무현의 처지를 모르는 바 아니었다. 부산역 집 회 다음 날인 6월 16일 민주당 박지원 대변인은 "선거에서는 산 토끼, 집토끼 다 잡아야 승리할 수 있다. 부산에서는 집토끼도 있지만 아마 산토끼까지 잡으려는 발언이 아닐까 싶다"고 했다.

하지만 진짜 사고는 다른 사람이 쳤다. 6월 19일 지원 유세차 부산을 찾았던 민주당 이부영 부총재가 "지역등권론은 손바닥 하나만 뒤집으면 지역 할거주의다. 이런 주장을 하는 사람이 어떻게 남북통일을 하겠다는 것이냐"고 했다. 그는 김대중·김종필 사이의 연대 분위기를 겨냥해 "내각제 개헌을 통해 형님, 아우하면서 권력을 주고받으려는 권력욕에 눈먼 짓거리"라며 "양김 씨는 지방선거를 통해 시대적 역할을 끝내고 진실로 조국의 미래를 준비하는 사람들에게 자리를 비켜줘야 한다"고 했다. 은퇴 요구였다. 이건 단순히 유세 중단 촉구 수준이 아니었다. 김대중과 동교동의 역린을 건드린 발언이었다.

서울은 발칵 뒤집혔다. 권노갑 부총재는 "선거 전략에 막대한 지장을 초래했다", "등 뒤에서 총을 난사하고 있다"고 비난했고, 동교동 사람들은 공공연히 "선거 끝나면 이부영을 죽여버리겠다"고 별렀다. 적전 분열이었다.《운명이다》의 한 토막.

아홉 시 뉴스를 켜면 곧바로 김대중 이사장 유세 장면이 나왔다. 그의 정계 복귀는 기정사실이 되었다. 민주당은 다시 '김대중당'으로, 노무현은 '김대중당 후보'로 인식되었다. 여론조사 지지도에서 확실하게 역전되었고 격차가 날이 갈수록 커졌다.

한때 두 자릿수까지 벌어졌던 지지율 격차는 6월 중순에 접어들면서 0.7퍼센트포인트까지 좁혀졌다. 특히 노무현 지지가 우세했던 40대에서 문정수가 앞서기 시작했다. 노무현은 정체하는 반면, 문정수는 약진하고 있었다. 이대로라면 투표일인 27일 이전에 뒤집어지는 건 시간 문제였다.

기울어진 판세

—

노무현 주변에선 '중대 결심' 가능성을 흘렸다. 부산 정가에선 '탈당 후 무소속 출마'일 거란 관측이 많았다. 실제 그랬다. 당시 젊은 참모들은 숙의 끝에 탈당하자고 건의했다.

"의원님예, 탈당해야 됩니더. 이대로 있다가 그냥 죽습니데이."

"무소속으로 당선되가 난주 다시 입당하든가 말든가 하면 될 거다 아입니꺼?"

노무현의 얼굴이 벌겋게 달아올랐다.

"정치 그래 하는 기 아이다! 민주당으로 나왔으모 그냥 하는 기지 불리해졌다꼬 뭔……."

참모들은 물러서지 않았다.

"마 선거를 이길라꼬 하는 기지 질 줄 빤히 알고 하는 기 뭔 선겁니꺼?"

"부산시장 하나 할라꼬 탈당하모 그래가 정치가 되것나?"

노무현도 물러서지 않았다. 언론에도 같은 뜻을 밝혔다. 무소속으로 나갈 생각인지 묻는 기자들에게 "손해를 본다고 해서 보따리를 싸는 철새 정치인은 될 수 없다"고 선을 그었다.

노무현은 나중에 "부산 사람들이 민주당을 나오면 표를 주겠다고 했지만 그럴 순 없었다"며 "그건 지역주의에 굴복하는 일이었다"고 회고했다. 그런 그가 부산시민들에게 할 수 있는 말이라고는 이런 것뿐이었다.

"결코 굽히지 않는, 결코 굴복하지 않는, 결코 타협하지 않는, 살아있는 영혼을, 깨끗한 영혼을 가지고 이 정치판에서 살아남는 증거를 여러분들에게 보여줌으로써 우리 아이들에게 결코 불의와 타협하지 않아도 성공할 수 있다는 하나의 증거를 꼭 남기고 싶었습니다."

부산시민들도 인물에선 노무현이 앞선다는 데 이견이 없었다. 하지만 다소 불안하다는 평가도 적지 않았다. 13대 시절 두 번의 의원직 사퇴 소동, 5공 청문회에서 '명패 투척'은 다혈질에 신중치 못한 정치인이라는 인상을 갖게 했다. 때문에 캠프에선 모든 공보물마다 이름 옆에 '(50)'이라고 나이를 함께 표기했다. 경륜 있고 나이도 먹을 만큼 먹은 사람이라는 점을 강조하기 위해서였다.

6·27 선거는 미디어 선거의 개막을 알렸다. 특히 텔레비전 토론이 본격화됐다. '청문회 스타' 노무현에겐 더할 나위 없이 좋은 기회였다. 문제는 그의 말솜씨를 상대 후보도 알고 있었다는 점이다. 문정수는 노골적으로 노무현을 피했다. 《중앙일보》

는 6월 16일자 기사에서 당시 상황을 이렇게 그렸다.

> 14일 부산 국제신문 4층 중강당에서는 노인 문제 관련 3개 단체 공동 주최로 '노인 정책 토론회'가 마련됐다. 지팡이를 짚은 할아버지, 머리가 하얗게 센 할머니 등 소외된 노인들이 토론회 시작 10여 분 전에 500여 석의 강당을 꽉 메웠다. 5분쯤 늦게 민주당 노무현 후보가 입장했다. (중략) 민자당 문정수 후보는 아무런 통고조차 없이 불참했다. (중략) 노인들은 "그러면 그렇지……" 하며 허탈한 모습이었다.

노무현 캠프는 줄기차게 토론을 요구했다. 서울시장 선거에서도 후보 간 토론 일정이 잡혔는데 부산은 좀처럼 접점을 찾지 못했다. 노무현이 생방송을 요구하면 문정수는 녹화를, 노무현이 후보 간 토론을 요구하면 문정수는 패널 토론을 요구했다. "토론회를 무산시키는 게 제일 좋다"는 말이 상대 진영에서 들려왔다.

노무현은 문정수 측의 거의 모든 요구를 들어줬다. 그렇게 6월 8일에서야 첫 패널·녹화 토론을 가졌다. 이후에도 몇 번 토론이 열렸지만 토론 구성상 제대로 된 진검승부는 이뤄지지 못했다. 텔레비전 토론은 생각만큼 승부의 변곡점이 되지 못했다. 문재인은 훗날 한 언론 인터뷰에서 "노무현 의원은 부산시장 선거 때만 해도 2002년 대선 때만큼 토론을 잘하지 못했다"고 말하기도 했다.

부산, 두 번 버리다

—

선거일이 가까워질수록 '김대중 그림자'는 더욱 짙게 드리워졌
다. 노무현의 마음도 조급해졌다. 김대중에 대한 비판 강도를 더
욱 높였다. 그는 6월 23일 부산 북구 덕천초등학교 정당 연설회
에서 "김대중 씨는 이제 민주당 선거운동 안 도와줘도 된다"며
"인간적인 배신감을 느낀다"고까지 분노했다.

　노무현은 막판까지 '집단 지성'의 힘을 믿었던 것 같다. 당시
조순 서울시장 후보 캠프에 있던 이광재는 선거 직전 부산에 내
려와 노무현을 만났다. 그는 노무현에게 "아무래도 질 것 같다"
며 질 수밖에 없는 이유를 죽 설명했다. 노무현은 반문했다.

　"정말 우리가 질까?"

　노무현의 반응은 당연했다. 그때까지 실시한 여론조사에서
노무현은 문정수에게 단 한 번도 추격을 허용한 적이 없었다. 이
광재는 "부산 캠프가 여론조사를 너무 과신했던 것 같았다"고
했다.

　"중요한 건 추세였지요. 추세를 보면 우리는 정체, 저쪽은 조금씩
　상승 곡선을 그렸어요. 우리가 이기려면 여론조사에서 12퍼센트

포인트 이상으로 벌렸어야 했는데, 그 정도는 아니었거든요."

안희정도 "선거 일주일 전부터 현장 기류가 바뀌었다"고 기억했다.

"선거 일주일 전쯤 후보를 모시고 부산 동구 매축지 시장 유세를 갔었죠. 우리가 자리를 딱 잡고 유세를 하는데 갑자기 시장 사람들이 가게 안으로 들어가버리는 거예요. 문까지 닫고. 후보는 연설하고 있고 난 옆에서 주변을 죽 둘러보는데, 어쩌다 손님이라도 나오면 나와 보고, 손님 가면 다시 안으로 들어가버리고……. 아휴, 참……. 가게 안에서 유리문 너머로 우리를 쳐다보는데 그 모습이 참 가슴 아팠죠."

상대는 적의 숨통을 완전히 끊어놓고 싶어 했다. 부산 시내 택시 기사 친목 단체를 가장한 '동백회'라는 유령 단체가 지역 택시 기사들을 동원해 구전 유세단을 조직했다가 6월 25일 시민단체로부터 고발을 당했다. 택시 기사들이 승객들에게 한 이야기는 대강 이런 식이었다.
"노무현이가 숨가놓은 재산이 억수로 많다카데예?"
"서울에도 집이 몇 채라카든데."
"밤에 해운대에서 호화 요트도 타고 댕긴다 아입니꺼?"
선거일인 6월 27일, 노무현은 오전 6시 20분 수정동 동사무소 투표소에 가족들과 함께 나와 투표했다. 소감을 묻는 기자들에게 "사람들은 대개 결과에 초조해하지만 나는 마음의 준비를 하기 때문에 편안하다"고 했다. 그는 투표를 마친 뒤 병환 중인 99살의 노모를 찾았다.

오후 6시, 투표는 순조롭게 종료됐다. 정각이 되자 지상파 방송사들의 결과 예측 보도가 쏟아졌다. MBC가 한국갤럽에 의뢰해 부산시민 500명을 대상으로 조사한 결과가 공개됐다.

"기호 1번 민자당 문정수 후보, 58퍼센트 지지율로 35퍼센트인 민주당 노무현 후보를 크게 앞설 것으로 예측이 되고 있습니다."

민주당 부산시 지부 사무실은 정적이 흘렀다. 힘들 거라곤 봤지만 이런 대패를 예측하진 않았다. 이게 사실이라면 그간 여론조사에서 잡힌 '무응답'이 전부 문정수에게 갔다는 이야기였다.

개표가 시작됐다. 부산 17개 선거구 중 어느 곳에서도 앞서지 못했다. 노무현의 지역구인 동구는 다른 곳보다 사정이 더 안 좋았다. 격차는 갈수록 벌어졌다.

문정수 88만 5,433표 득표(51.40퍼센트), 노무현 64만 7,297표 득표(37.58퍼센트).

출구 조사보단 사정이 조금 나았다. 그렇다고 낙선이 당선이 되는 건 아니었다. 노무현은 또 다시 절망했다. 선거 초반 노풍이 불 때만 해도 "이길 걸로 확신한다"고 했던 그였다. 역전패였기에 더 쓰라렸다(훗날 노무현은 2000년 부산 북·강서 을 총선에서 민주

국민당 후보로 출마한 문정수를 눌렀다. 복수전에는 성공했지만 노무현도 2위로 낙선했다).

선거 중반 김대중의 갑작스런 등판과 지역등권론의 대두, 그리고 이를 집요하게 키운 민자당의 전략이 맞아떨어지면서 그는 별안간 부산에서 '김대중 선거'를 치렀던 꼴이었다.《운명이다》에서도 당시의 아쉬움을 이렇게 적었다.

당시《한겨레》에서 박재동 화백이 그렸던 만평이 기억난다. 서울에서 김대중 이사장이 지원사격을 하면서 "지원사격 받았나?" 하고 묻는다. 만신창이가 된 노무현이 대답한다. "내가 맞았다. 오버!"

노무현은 선거 패배 직후 어떤 반응이었을까. 선거 이틀 뒤인 6월 29일자《한겨레》인터뷰 기사 제목은 〈그러나 부산시민 존경합니다〉였다.

그는 자신이 얻은 64만 7,000여 표는 "부산시민들이 다른 지역에 비해 지역 구도를 극복하려는 의지가 더 강함을 보여준 것"이라고 평가했다. 그러면서도 "바닥의 정보 전달 통로로 전파돼 만들어진 뒤 잠복해 드러나지 않는 대중 정서의 위력이 대단함을 다시 한 번 느꼈다"며 지역감정을 에둘러 비판했다.

하지만 그런 담담한 선거 평가는 대외용이 아니었나 싶다. 주변에서 기억하는 당시 장면은 약간의 온도차가 있다. 후원회장 이기명은 "선거에서 질 때마다 매번 그랬지만 부산시장에 낙선했을 때도 '정치 그만하겠다'고 했던 것 같다"고 했다. 이광재는 조순이 서울시장에 당선되자 인수위에 참여하지 않고 부산으로 헐레벌떡 뛰어내려 왔다. 노무현이 "이제 정치 때려치우겠다"고 말했다는 이야기를 전해 듣고서였다. 이광재의 기억도 비슷하다.

"노 대통령은 부산시장 떨어지고 이제는 정치 안 하겠다고 했었어요. (지구당 위원장을 선정하는) 조직강화특별위원회에서도 빠지겠다고 했죠. 어차피 자기는 총선 출마할 것도 아닌데 거기 들어가서 뭐 하겠냐면서……."

애증
—

노무현은 낙선했지만 민주당은 축제 분위기였다. 지방선거의 전부나 다름없는 서울시장 선거에서 승리했기 때문이다. 특히 김대중과 동교동이 그랬다. 출마 선언 때만 해도 3등이었던 조순은 김대중의 지원 유세가 시작되면서 정원식, 박찬종을 차례로 제치더니 마침내 서울시장에 당선됐다. 조순은 서울의 25개 모든 구, 심지어 강남·서초에서도 승리하는 기염을 토했다. 누가 뭐래도 조순 당선의 일등 공신은 김대중이었다.

당 총재 이기택의 표정은 어두웠다. 김대중과 벼랑 끝까지 가는 갈등 속에 자신의 측근을 경기지사 후보로 내세웠지만 민자당 이인제 후보에게 처참하게 깨지고 말았다. 이기택은 궁색한 처지가 됐다. 책임론도 고개를 들었다. 어쨌든 민주당은 잔칫집이었다.

선거 후 처음으로 총재단 회의가 열린 건 7월 3일 마포당사에서였다. 회의 참석자들에게 배포된 당 정책위의 선거 평가 보고서 제목은 〈민주당의 대약진〉이었다. 보고서에는 계량화된 전과들이 죽 나열돼 있었다. 광역단체장 15명 중 4명(서울·광주·전남·전북), 기초단체장 230명 중 84명, 광역의원 875명 중 352명······.

노무현은 그냥 넘어갈 수 없었다. 발언 기회를 얻었다. 그는 "과연 '민주당의 대승리'가 맞는 건가?"라며 "이번 선거 결과를 민주당의 정치적 소득 차원에서만 보지 말고 한국 사회 발전에 미치는 영향 등을 총체적으로 평가해야 한다"고 했다.

"지역이 갈기갈기 찢기고 중앙 정치의 논리가 지배하고 있는데 어떻게 지방자치제가 발전할 수 있겠습니까. 또 역사적으로 청산돼야 할 5·16 정치 세력이 다시 등장해서 발언권을 강화하고 있습니다. 그런데도 마치 민주당이 이걸 환영하는 듯한 논평을 하는 건 옳지 않습니다. 자민련이 중부권을 장악하면서 민주당 입지가 그만큼 축소됐다는 것도 생각해야 합니다."

회의장 밖을 나와선 더 격한 발언을 쏟았다. 지역등권론에 대해 "등 뒤에서 포격을 맞았다"고 했는가 하면, 김대중·김종필 연대에 대해서는 "3당 야합처럼 권력을 잡을지는 모르나 개혁에는 실패할 것"이라고 비난했다.

그날 당사에서 공개적으로 노무현 편을 들어준 사람은 없었다. 그는 억울했겠지만 어쨌든 외견상으로는 이긴 선거였다. 구태여 잔칫집 분위기를 깰 이유가 없었다. 당의 주류인 동교동 사람들 눈치를 안 볼 수도 없는 상황이었다.

물론 동교동이라고 마음이 마냥 편한 건 아니었다. 1992년 총선에 이어 두 번째 낙선이었던 만큼 노무현에게 마음의 빚을 갖고 있는 건 사실이었다. 하지만 김대중의 정계 복귀에 걸림돌이 된다면 누가 됐든 가만 놔둘 순 없었다.

김대중을 대신해 당에서 동교동계를 지휘했던 권노갑 부총재는 노무현을 '적'으로 규정했다. 그는 "노무현 부총재는 지역 패권주의에 반대하고 당당히 지역등권 주장을 폈어야 했다. 그러나 결과적으로 (지역등권을 비판한) 김덕룡 사무총장 등과 같은 견해를 밝혀 적군에 투항하는 일을 했다"고 했다. 선거에서 진 것도 억울한데, 위로는커녕 세작질을 했다는 거였다. 피가 거꾸로 솟을 노릇이었다.

비슷한 장면은 이틀 뒤인 7월 5일 의원총회에서도 이어졌다. 이번엔 동교동계 한화갑이 선공에 나섰다. 이기택과 노무현 등을 겨냥해 "민자당의 청부를 받은 세력들"이라고 했다.

지역등권론에 대한 비판은 김대중의 정치 재개를 막기 위한 여권의 논리인데, 당내 일부가 그걸 무비판적으로 따랐다는 거다. 급기야 "도의원 하나 지도부가 책임지고 당선시킨 사람이 있느냐"고도 따졌다. 누구라도 조순을 당선시킨 김대중에 비할 바가 아니란 이야기였다.

노무현은 의총이 끝난 뒤 기자실을 찾았다. 동교동을 용서할 수 없었다. "당론으로 채택한 적도 없는 지역등권론을 들고 나와 동지들을 일거에 적군 편에 서 있는 것처럼 음해하는 것은 정부여당의 용공 음해와 다를 게 없다"고 했다. 노무현은 한발 더 나아가 동교동의 역린까지 건드렸다.

"우리들은 김대중 이사장이 92년 정계를 떠나면서 '다시 정치적 실세로 등장하지 않고 당을 떠나겠다'는 것을 약속 받은 바 있습니다. 그 약속은 반드시 이행돼야 합니다."

노무현의 바람과는 달리 이후 김대중은 정계 복귀를 선언함과 동시에 신당 창당을 선언했다. 민주당은 반으로 쪼개졌고 원외였던 노무현의 처지는 더욱 초라해졌다.

두 번의 선거 패배와 분당의 아픔을 안겨준 김대중. 과연 이즈음 노무현의 '김대중관觀'은 어땠을까. 그는 민주당이 내홍 사태로 한창 어수선하던 8월 8일 사단법인 신문로포럼 조찬회에 초빙돼 '한국 정치, 새 사람이 나서야'란 제목으로 강연했다. 새로운 정치 지도자를 키우지 못하는 한국 정치의 후진성을 비판하면서 이런 일화를 꺼냈다.

"제가 71년에 군에서 제대해서 그 당시 대선에서 김대중 씨를 찍었는데, 이번에 제 아이가 제대해 왔는데 다가올 97년 대선에서 잘못하면 또 3김 씨 가운데 하나를 찍어야 될까 봐 걱정입니다. 이게 다 정당의 독재화가 갖고 있는 폐해들이죠."

하지만 거기까지였다. 노무현은 김대중을 다른 2김과 확연히 갈랐다.

"왜 3김이 같습니까? 다릅니다! 역사적 정통성이라는 점에서 다릅니다. 적어도 이 점에 관련해선 김종필 씨는 자격이 없는 겁니다. 김영삼 대통령 역시 비록 대통령은 됐습니다만 3당 통합이라는 한계가 있습니다. 그런 점에서 볼 때 김대중 씨는 그가 아무리 거짓말을 많이 하고 또 지역적 한계를 벗어나지 못한다고 하더라도 역사적 정통성이라는 관점에서 볼 때 아직은 큰 과오가 없었다는 겁니다."

노무현은 사감을 개입시키지 않았다. 역사적 평가는 역사적 관점에서만 했다. 당시 노무현 참모들 중에서 유일한 호남 출신이었던 서갑원도 한 가지 일화를 들려줬다.

"부산시장 떨어지고 일주일 후에 서울로 올라가는 차 안이었어요. 분위기 얼마나 침울했겠습니까. 몇 시간째 정적만 흘렀죠. 내가 물었습니다. '의원님, 다음 대선에 DJ 또 도우실 겁니까?' 의원님이 그래요. '글쎄…….' 그러고는 한참 동안 말이 없으시더라고. 그러더니 '그때 가면 또 그 사람 돕고 있겠지. DJ만 생각하면 아닌데, 호남 사람들 생각하면 안 도울 수가 없지' 해요. 나 정말 그때 울었어요. DJ 때문에 다 이긴 선거 떨어지고도 저런 말을 할 수 있다니……. 속으로 다짐했죠. 이 사람이 날 버리지 않는 이상 내가 먼저 떠나진 않겠다고."

이기명은 "노무현이 김대중을 비판한 적도 있지만 평생 존경했고 어려워했다"고 했다.

"언제고 나한테 '내가 무서워하는 사람이 세 명 있다'고 하더군요. '그게 누구요?' 했더니 한 분은 어머니, 또 한 분은 노건평 형님, 그리고 김대중 대통령을 꼽더라고요."

어쨌든 노무현은 김대중이 2년 뒤 대통령이 될 거라고, 또 그다음 대통령을 자신이 이어서 할 거라고는 그때까지 상상하지 못했다.

분당

1995년 7월 8일 아침, 여의도는 발칵 뒤집어졌다. 《중앙일보》는 그날 신문 1면에 '동교동계 신당 추진'이란 큼지막한 헤드라인을 박았다. "의원 70여 명이 신당에 동참키로 했다"는 내용이었다. 김대중의 정계 복귀가 전제된 시나리오였다.

동교동도 당혹스러워했다. 김대중은 새벽 같이 배달된 신문을 받아 보고 크게 역정을 냈다. 사람을 시켜 취재기자에게 취재 경로를 역취재하는 일까지 벌였다. 그만큼 보안 사항이었다.

물론 그때까지 '동교동 신당설'이 돌지 않았던 건 아니다. 다만 가능성이 현저히 낮아 아무도 관심을 갖지 않았다. 지방선거 승리 분위기에 스스로 찬물을 끼얹을 거라 생각지 않아서였다. 그저 김대중의 정계 복귀와 대선 재도전을 반대하는 비주류를 향한 견제 카드쯤으로 치부했다. 그런데 그게 현실이 됐다.

김대중과 동교동 인사들도 "신당 창당은 없다", "기사는 오보다"라고 적극적으로 말할 수 없는 애매한 처지에 몰렸다. "아직 아무것도 결정된 건 없다"고 했지만 모든 언론이 신당 창당을 기정사실화하기 시작했다.

노무현은 가만있지 않았다. 7월 12일 자신을 지지하는 원외 지구당 위원장 30여 명과 당사에서 기자회견을 가졌다. 신당 창당은 "반역사적인 행위"라면서도 "이기택 총재도 책임을 지고 백의종군하라"고 촉구했다. 동교동뿐 아니라 반대편에 서 있는 이기택 양쪽 모두에게 양보를 요구했다. 일종의 절충안이었다. 세력화에도 나섰다. 이철, 제정구, 김정길, 김원기, 조세형, 김근태 등과 함께 '구당과 개혁을 위한 모임(구당모임)'을 결성했다.

하지만 7월 14일, 김대중은 정계 복귀를 공식 선언했다. 1992년 12월 대선 패배 당시 "세 번 대통령에 출마한 사람이 네 번이나 나온다면 국민에게 폐 끼치는 일이고 체면상으로도 안 되는 일"이라고 말한 지 2년 반 만이었다.

김대중은 이날 "결과적으로 국민과 약속을 못 지키게 됐다"며 "어떠한 변명도 하지 않겠다"고 했다. "민족의 운명이 중대 기로에 서 있는데도 여야가 자기 몫을 하지 못해 조그만 힘이라도 보태야겠다고 생각했다"고도 했다.

그로부터 한 달 반 뒤인 9월 5일, 서울 올림픽펜싱경기장에서 '새정치국민회의'가 창당됐다. 김대중은 당 총재에 올랐다. 민주당을 탈당한 현역 의원 53명이 합류했다. 민주당은 하루아침에 42석으로 반 토막이 났다.

분당 사태는 민주당을 폐허로 만들었다. 여전히 제2야당이었고 원내교섭단체 지위를 유지했지만 허울뿐이었다. 호남이라는 지역 기반을 잃었다. 잔류를 선언했던 김근태까지 막판에 이탈하면서 운동권 간판도 잃었다. '잔류 민주당'은 부산·경남, 호남, 재야 각 진영 비주류들의 어정쩡한 연합체였다.

당은 리더십 진공 상태에 빠졌다. 잔류 세력 간 당권 쟁탈전이 시작됐다. 선두 주자는 이기택이었다. 그는 '이기택당'을 만들기 위한 작업에 시동을 걸었다. 구당모임은 이기택의 그런 행보를 용납할 수 없었다. 김대중의 신당 창당도 잘못됐지만 당권을 향한 이기택의 과욕이 분당 사태를 불렀다는 게 이들의 상황 인식이었다.

양측은 사사건건 충돌했다. 급기야 몸싸움까지 벌어졌다. 7월 31일 오전이었다. 노무현을 포함한 구당모임 측 인사들은 마포 당사에서 기자회견을 갖고 "이기택 총재를 총재로 인정할 수 없다"며 즉각적인 백의종군을 촉구했다. 사달은 그 직후에 벌어졌다. 이기택 측 당직자 및 원외 지구당 위원장 20여 명이 갑자기 회견장에 쳐들어와 이들을 향해 돌진했다.

"김대중이한테 빨리 가버려!"

"이놈들, 다 죽여버릴 거야!"

회견장은 순식간에 아수라장이 됐다. 김원기는 발길질을 당했다. 노무현은 손으로 얼굴을 가격당했다. 폭력 사태에 대해 사후 보고를 들은 이기택은 "어떤 경우에도 몸싸움은 용납할 수 없다"며 사과의 뜻을 전했다.

어쨌든 기자회견 중 벌어진 폭력 사태는 후폭풍이 컸다. 당 안팎에선 2차 분당 사태가 벌어질 수 있다는 우려가 증폭됐다. 임계점에 다다르고 있었다. 결국 이기택이 결단을 내렸다. 백의종군을 선언했다. 대신 양측은 공동대표 한 자리씩을 맡는 데 합의했다. 이듬해 1996년 총선을 위한 어정쩡한 봉합이었다.

변함없는 인기

—

'잔류' 민주당은 1995년 8월 28일 서울 올림픽펜싱경기장에서 전당대회를 열고 지도 체제를 정비했다. 김영삼의 민자당과 김대중의 국민회의, 김종필의 자민련을 겨냥해 '3김 청산과 지역할거주의 타파'를 전면에 내세웠다. 노무현은 부총재직을 내려났다. 그의 직함은 '부산 동구지구당 위원장'이 유일했다.

전당대회 바로 다음 날인 8월 29일이었다. 《중앙일보》6면에 "수도권 이회창·PK 노무현 1위"란 기사가 실렸다. 민자당 여론조사기관인 사회개발연구소가 권역별 2,500명의 유권자를 대상으로 '지역 대표 정치인'을 조사한 결과, 부산·경남에선 노무현이 1위로 꼽혔다는 내용이었다.

노무현은 30퍼센트 지지를 얻어 김영삼 직계인 박관용(18퍼센트), 최형우(16퍼센트), 서석재(14퍼센트)를 모두 따돌렸다. 심지어 같은 당 이기택(7퍼센트)과 비교해선 네 배나 많은 지지를 받았다. 민자당, 특히 부산·경남 기반의 민주계에겐 큰 충격이 아닐 수 없었다. 급기야 민자당 사회개발연구소가 당 지도부에 이회창과 노무현을 당에 영입하자고 건의했다는 기사까지 나왔다.

이런 흐름은 일반 여론조사에서도 마찬가지였다. 시사월간 《WIN》10월호는 '지역을 대표하는 정치인 베스트 10'을 조사했는데, 여기서도 노무현은 부산·경남권에서 83.5퍼센트 지지를 받아 현직 부산시장이자 4개월 전 패배를 안겼던 문정수(48.5퍼센트)를 더블스코어로 앞섰다.

이런 여전한 인기는 결국 여권의 러브콜로 이어졌다. 1996년 새해 벽두에는 신한국당(1996년 2월 민자당은 당명을 신한국당으로 바꿔 재창당했다) 영입 리스트에 노무현이 올라 있다는 보도가 나오기 시작했다. "신한국당 이영희 전 여의도연구소장이 노무현 전 의원을 수차례 접촉해 영입 작업을 진행 중"이라는 내용이었다.

당시 여권의 총선 컨트롤타워는 청와대였다. 당은 청와대가 그리는 밑그림에 색칠만 했다. 특히 인재 영입은 당 총재인 김영삼이 직접 챙겼다. 거물급이나 인지도 높은 정치 신인을 데려올 땐 청와대로 불러 직접 칼국수를 대접했다. 한때 반목했던 이회창이나 민중당 출신의 이재오, 김문수, 검사 출신의 홍준표도 신한국당행을 발표하기 직전 '청와대 칼국수'를 먹었다. 그런 점을 감안하면 노무현 영입 작업 역시 김영삼의 의중이 반영됐을 것이다. 부산·경남의 지지를 계속 붙잡아두기 위해서라도 노무현이라는 차세대를 키우고 싶었을지 모른다. 3당 합당 이후 잇단 낙선에 대한 인간적인 미안함도 있었을 거다.

하지만 노무현은 칼이었다. 그럴 의사도, 계획도 없었다.《중앙일보》1996년 1월 12일자 인터뷰에서 이렇게 말했다.

"이영희 전 소장을 만난 건 맞습니다. 이 전 소장이 '김영삼 대통령 개혁에 동참하는 게 어떻겠느냐'고 묻더군요. 제가 그랬지요. '나는 김 대통령의 개혁을 개혁이라고 보지 않는다'고. 그렇게 바로 거절했습니다."

1995년 말, 중앙 정치권에서 그의 행적은 두드러진 게 없다. 중앙당 일에 크게 관여하지 않았다. 그렇다고 부산에 내려가 총선을 대비하고 있던 것도 아니었다. 주로 서울 자택인 여의도 미성아파트에 머물렀다.《신동아》1995년 12월호에는 그의 인터뷰가 실렸는데, 11월 즈음의 노무현이 잘 묘사돼 있다.

인터뷰는 여의도 자택에서 진행됐다. 기자가 현관문을 열고 들어왔을 때 노무현은 20대로 보이는 젊은이 두 명과 진지하게 이야기를 하고 있었다. 기자가 "뭘 하는 중이었느냐"고 묻자, "2년째 구상해왔던 정치업무관리통합시스템을 만들고 있다"고 했다.

기자는 어이가 없었다. 총선을 불과 5개월 앞둔 시점이었다. 현직도 아니고 누구처럼 텃밭에 지역구를 둔 것도 아닌데, 서울에서 현업과는 상관없는 소프트웨어 개발에 몰두하는 모습이라니, 무슨 생각인가 싶었다.

"아니, 지금 지역구 활동해야 할 때 아니에요? 서울에서 이런 일 하고 있어도 됩니까?"

"보통 일주일에 한 번씩 내려가는데 최근 이 작업 때문에 거의 못 갔어요. 지역구 활동이란 거, 일종의 사전 선거운동 아닙니까. 고민했지만 이걸 마무리 지어야겠다고 생각한 거죠."

이 대목에서 노무현은 자신이 말해놓고도 겸연쩍었는지 "허허" 웃었다. 기자는 다시 물었다.

"당선에 별로 신경 안 쓰시는 것 같아요?"

"언론에 지역구 누빈다는 기사가 나오는데 영 못마땅합니다. 아득바득 당선될 생각은 없어요."

"지역 주민들이 불평 안 합니까?"

"안 보인다고 불평하죠. 지역구 관리 소홀히 하는 것도 사실입니다. 구태여 변명한다면 주인이 보는 앞에서 비위 맞추며 일하는 머슴도 있지만 주인 안 보는 데서 새벽 일찍 꼴 베러 나가 밤 늦게까지 일하는 머슴도 있습니다. 정치인이 일밭에 있어야지

표밭에 돌아다녀서는 안 된다고 생각해요."

《신동아》는 노무현이 이 대목에서 "흥분한 듯 목소리를 높였다"고 기술했다.

비자금
—

1995년 8월 3일 아침, 출근길 직장인들은 신문 가판대 앞을 지나다 발걸음을 멈췄다. 그들의 시선이 머문 곳은 《조선일보》 1면 헤드라인이었다.

〈전직 대통령 중 한 사람 수천억 차명 계좌 보유설〉.

계좌 '보유'도 아니고 '보유설'을 1면 제목으로 다는 경우는 극히 드물었다. 시민들은 "설마……" 하면서 고개를 갸우뚱했다. 하지만 취재원을 알고선 벌린 입을 다물지 못했다. 김영삼 정부 실세 중 한 명이었던 총무처장관 서석재였다.

기자들과 술자리에서 꺼낸 발언이 발단이었다. 그는 '비보도'를 전제로 말을 꺼냈다. "4,000억 원대의 가명 계좌를 가진 사람이 있는데 그중 절반을 정부에 기증하면 자금 출처를 조사받지 않고 실명 전환이 가능하겠느냐"는 문의를 누군가 해왔다는 거였다. "도대체 그 '누군가'가 누구냐"는 질문에 서석재는 "전직 두 사람 가운데 한 사람으로 알고 있다"고 했다. "김영삼 대통령이 한 푼도 안 받고 있는 것과 비교하기 위해 꺼낸 말"이라는 당

부를 남겼지만 이미 활은 시위를 떠난 상태였다.

《조선일보》보도 직후 온 나라가 발칵 뒤집어졌다. 서석재는 긴급 기자회견을 열고 "세간의 소문을 이야기한 것일 뿐"이라고 했지만 그 정도로는 진화될 상황이 아니었다. 김영삼 청와대는 모든 책임을 서석재의 '말실수'로 돌리며 그를 곧바로 경질했다. 두 전직 대통령 측의 반발과 야당, 언론의 압박으로 등 떼밀려 검찰 수사가 시작됐다. 하지만 검찰은 애당초 수사 의지가 없었다. 역시 뚜렷한 무언가는 드러나지 않았다. 그렇게 유야무야되는가 싶었다.

"노태우 전 대통령 비자금 4,000억 원이 각 시중은행 40개 계좌에 분산돼 있으며 그중 300억 원은 신한은행 서소문지점에 예치된 사실이 확인됐습니다."

1995년 10월 19일, 판도라의 상자가 열렸다. 민주당 박계동 의원은 '노태우 비자금'을 폭로했다. 그는 신한은행 서소문지점에 예치된 300억 원 중 100억 원의 계좌 번호와 잔금 조회표를 들어 보였다. 그건 '아니면 말고'가 아니었다. 팩트였고 명백한 증거물이었다. 앞서 "완전한 해프닝"이라고 수사 결과를 내놨던 검찰은 망신살이 뻗쳤다. 폭로 다음 날 곧바로 특별수사본부를 꾸렸다.

재미난 건 노태우 측 반응이었다. 폭로 직후만 해도 "돈의 주인이 누구인지 나도 궁금하다", "검찰은 철저히 조사해 명예를 찾아달라"고 딴청을 부렸다. 나중에 알려진 거지만 노태우도 폭로 직후엔 자기 돈인 줄 몰랐다고 한다. '그 돈이 내 돈'이라는 사실을 인정한 건 일주일쯤 지나서였다. 노태우는 10월 27일 연희동 자택에서 대국민 사과문을 발표할 수밖에 없었다.

노태우 비자금은 엉뚱한 데서 불이 붙었다. 그즈음 5박 6일 일정으로 중국 출장을 떠났던 국민회의 김대중 총재가 같은 날 중국 국빈관에서 갑자기 기자간담회를 자청했다. 노태우의 대국민 사과가 시작되기 세 시간 전이었다. 회견문을 읽은 건 수행했던 임채정이었다.

"1992년 대통령 선거기간 중에 청와대 모 비서관이 찾아와 '순전히 인사의 뜻'이라며 20억 원을 갖고 와 받은 적이 있었습니다. 돈을 받은 건 순전히 위로의 뜻이었고 어떤 조건도 붙어 있지 않았기 때문입니다."

그야말로 깜짝 고백이었다. 동교동계 가신들도 놀라긴 매한가지였다. 더군다나 그런 말을 중국에서 한다는 건 더 황당한 일이었다. 김대중의 이런 이해 못할 행동을 촉발시킨 건 바로 전날 민자당 김윤환 대표의 한마디였다.

"조만간 세상이 깜짝 놀랄 일이 터집니다. DJ도 자유롭지 못할 겁니다."

김대중은 김윤환의 발언을 보고받고 마음이 급해졌다. 남이 터뜨리기 전에 먼저 고백하는 게 피해를 줄일 최선이라고 봤다. 김영삼을 의식한 것이기도 했다. 김영삼이 노태우에게서 받은 대선 자금도 곧 밝혀질 것이고 그러면 그 액수는 본인의 몇 갑절이 될 것이므로 도덕적, 정치적 피해를 최소화할 수 있다고 판단했다.

김대중은 "노태우 씨는 나에게 20억 원을 준 경위를 밝히고 김영삼 대통령에게 수천억 원을 준 정보에 대해서도 분명한 해명이 있어야 할 것"이라고 첨언했다. 회견이 끝나고 김대중은 서울에서 진행된 노태우의 기자회견을 지켜봤다. 노태우는 김대중의 예상을 깼다.

"이 모든 책임은 전적으로 저에게 있습니다. 국민 여러분께서 내리시는 어떠한 심판도 달게 받겠습니다. 어떠한 처벌도, 어떠한 돌팔매도 기꺼이 감수하겠습니다."

노태우는 비자금의 사용처와 대선 자금에 대해 일절 언급하지 않았다. 대선 자금 이슈가 불거질 것을 지레짐작하고 자진해 비밀을 토해낸 김대중의 완벽한 헛스윙이었다(노태우는 2011년 《노태우 회고록》에서 "1992년 대선에서 김영삼 후보에게 대선 자금 3,000억 원을 지원했다"고 고백했다).

야권 내부의 맹비난도 이어졌다. 다른 누구도 아닌 김대중이 '광주 학살'의 원흉 중 한 명인 노태우의 돈을 받는 건 용납할 수 없다는 정서가 확산됐다. 노무현도 마찬가지였다. 10월 30일 민주당 원내대책회의에 참석한 노무현은 거친 독설을 쏟아냈다.

"국민회의 중진들은 앞으로 선거할 때 절대 돈 받지 마십시오. 자기 돈으로 선거운동 해야지 돈 받고 선거운동 했다가 언제 뒤통수 맞고 배신당할지 모릅니다. 정말, 대통령에 환장했다고 이렇게 하면 안 됩니다."

노무현은 1992년 대선 유세 때 기억을 끄집어냈다. "청년특위 위원장 맡아서 김대중 총재한테 23억 원을 받아 유세를 했습니다. 하지만 그게 노태우 돈인 줄 알았더라면 난 선거운동 안 했을 겁니다."

노무현은 이렇게 말할 '자격'이 있었다. 관련된 일화가 있다. 노무현은 1992년 대선에서 청년특위 산하에 '파랑새유세단'을 조직했다. 당은 시큰둥했다. 예산도 거의 주지 않았다. 그런데 유세를 하면 할수록 대선 후보 중심의 메인 유세단보다 더 나은 반응을 끌어냈다. 당도 고무됐다. 김대중은 당무기획실장이던 이해찬을 불러 "청년특위에 예산 지원을 하라"고 지시했다.

대선이 끝나고 정산을 해봤더니 돈이 남았다. 3,000여만 원 정도였다. 영수증까지 첨부해서 잔금을 김대중에게 돌려줬다. 당시 김대중은 선거 패배로 정계 은퇴를 선언하고 영국 유학을 준비하던 중이었다. 이해찬은 당시를 이렇게 회고했다.

"김대중 전 대통령이 그랬어요. '선거 끝나고 돈 갖고 오는 사람도 있느냐'고. 그 일이 김 전 대통령과 맺은 좋은 신뢰 관계의 단초가 됐죠. '노무현이가 돈 갖고 장난치는 사람은 아니구나.' 김 전 대통령은 대통령이 되고 나서도 농담 삼아 그때 이야기를 자주 했죠. '순진하기 짝이 없는 사람'이라고."

이광재 역시 잔금을 당에 돌려주던 모습을 보고 "'이 사람을 대통령으로 만들겠다'고 결심했다"고 말한 적이 있다.

어쨌든 '20억 원'은 국민회의와 민주당 사이의 격한 충돌을 불렀다. 민주당의 파상 공세가 이어지자 국민회의가 반격에 나섰다. "김대중 총재가 이기택 씨에게 15억 원, 이부영 씨에게 3억 원을 건넸는데 그 돈에는 노태우 전 대통령에게서 받은 20억원이 포함돼 있다"고 주장했다. 민주당의 입을 틀어막기 위한, 일종의 물귀신 작전이었다.

노무현은 "민주당을 모함하는 치기 어린 행태로 부끄러움을 감추려 해서는 안 된다"며 "그래도 세 번에 걸쳐 가장 양심적이고 도덕적인 인물로 믿고 자신들을 지지해준 국민도 생각해줘야 할 것이 아닌가"라고 김대중을 맹비난했다.

새로운 희망

—

국민회의가 떨어져나간 민주당은 1995년 12월 4일 '개혁신당'과 당대당 통합을 선언했다. 당명은 '통합민주당'. 목표는 분명했다. 3김 정치와 지역 구도 타파. 3김이 장악한 정치판에서 그들이 점유할 수 있는 유일한 운신의 공간이었다.

하지만 '비3김'이라는 건 곧 지역 기반이 없다는 뜻이기도 했다. 16대 총선 역시 3김 대리전에 따른 지역 구도로 치러질 공산이 컸다. 민주당 구성원들은 저마다 지역구 조정 가능성을 타진하며 살아날 방도를 찾는 데 골몰했다.

노무현은 어땠을까. 1995년 8월 8일 신문로포럼 초청 강연을 보면 고민의 일단이 엿보인다. 그는 "시민운동의 정치 세력화가 성공할 가능성이 크다"면서 근거로 수도권의 변화 조짐을 들었다.

"제가 희망을 갖는 곳은 수도권입니다. 3김의 영향력이 막강하다고는 하지만 지난 지자체 선거에서 박찬종 후보가 얻은 득표는 결코 가볍게 볼 수 없습니다. 그가 내건 구호가 3김 청산, 세대교체 요구였는데 이 두 개의 요구가 결합돼 한 사람에게 표를 모아준 겁니다. 부산이나 광주를 금방 깰 수 있다고는 생각하지 않지만 적어도 이 수도권에서는 가능할 겁니다."

'3김을 따르지 않아도, 지역주의에 기대지 않아도 표를 얻을 수 있다!' 시민 세력을 예로 들긴 했지만 노무현은 자신의 상황을 거기에 투영해봤을 것이다.

참모들 역시 "부산을 떠나야 한다"는 데 이견이 없었다. 부산 출신 참모들이 오히려 더 적극적이었다. 앞서 두 번의 낙선까지는 명분도 있었고 동정표를 받기도 했지만 딱 거기까지라고 봤다. 같은 실패를 세 번 반복하면 평가도 인색해질 게 뻔했다. 무엇보다 재기가 불가능할 거란 우려가 컸다. 서울에서 조순 선거를 도왔던 이광재가 내려와 "서울로 가자"고 노무현을 설득했다.

"노무현 의원 본인은 15대 총선도 부산에서 해보려는 의지가 굉장히 강했어요. 하지만 선거 두 번 떨어지고 나니까 동력이 생기지 않더군요. 주변에서 돕던 사람들도 '이젠 지쳤다'고 하고. 또 떨어질 건 분명해 보이고……. 어떻게든 벗어나야 했죠."

이즈음 노무현은 서울에 있는 '법률사무소 해마루'에 변호사적을 두고 있었다. 그곳에서 함께 일했던 이들이 천정배, 임종인, 이덕우, 전해철 변호사였다. 처음엔 노무현을 제외한 이들 4명만 있었다. 그런데 어느 날 노무현이 문재인 변호사와 함께 있던 '법무법인 부산'의 생활을 정리하고 해마루로 찾아왔다.

"해마루가 민주 사회를 위한 변호사 모임 출신들 중에서 가장 강성인 사람들만 모여 있다고 들었습니다. 저도 함께하고 싶네요."

임종인은 노무현이 해마루에 합류했던 1993년 4월부터 서울 활동에 대한 기대감이 있었던 것 같다고 했다. 그러다 느닷없이 부산시장 선거를 나가기에 서울에서 출마할 생각이 없나 보다 했는데, 1995년 연말쯤에 "종로에 나가고 싶다"고 하더라는 거다.

"형님, 김대중 총재를 왜 안 따라갔습니까? 더군다나 종로에 나간다니요."

"정치는 승부예요. 승부를 볼 땐 봐야지요."

문제는 '탈脫부산'의 명분이었다. 그걸 찾지 못하면 도피일 뿐이었다. 1995년까지는 딱히 상황 변화가 없었다. 노무현은 '공식적'으로 부산 출마 입장을 견지했다.《한겨레》10월 19일자 인터뷰에서 그는 "지역구를 옮긴다는 생각은 한 번도 해본 적이 없다"면서 "부산을 고집하는 게 비합리적이고 정치 도박이긴 하지만 장기적으로 큰 밑천이 된다"고 했다.

그러던 중 갑자기 두 가지 변수가 돌출했다. 하나는 선거구 조정이었다. 노무현의 부산 동구와 김정길의 부산 중구가 통폐합되었다. 두 사람 중 한 명은 방을 빼야 했다.

또 다른 하나는 이기택의 부산 해운대 출마 선언이었다. 끝까지 고향인 경북 포항 출마를 저울질했지만 경북 지역에 함께 출마할 후보들을 구하지 못했다. 이기택이 부산을 책임진다면 노무현, 김정길까지 구태여 부산에 남을 이유가 없었다.

그즈음 민주당의 외부 인사 영입 작업은 도통 진척이 없었다. '3김 대 반3김' 구도가 짜여졌을 때만 3김에 염증을 느낀 정치 신인들이 대거 문을 두드릴 거라고 기대했다. 특히 종로에 이회창 전 총리, 장태완 전 수경사령관을 영입하려고 했지만 이들은 거들떠도 보지 않았다. 결국 눈을 당내로 돌릴 수밖에 없는 상황이 됐다.

노무현의 서울 종로 출마 가능성이 본격화된 건 그때부터였다. 그는 1996년 1월 11일《세계일보》와 인터뷰에서 "이기택 상임고문이 해운대 출마를 선언한 이상 부산을 지켜야 한다는 부담이 줄었다"면서 "야당의 전략상 바람몰이가 최선인 만큼 당이 총선 전략 차원에서 권유한다면 종로에 나설 수도 있다"고

했다. 같은 날《중앙일보》에는 "판돈이 많이 들어가야 얻는 것도 많은 게 아니냐"며 특유의 승부사 기질을 보여줬다.

갑자기 이런 판단을 한 배경은 뭘까. 민주당 총선기획단의 보고서였을 걸로 추정된다. 그즈음 민주당 총선기획단은 "수도권 바람몰이를 위해서 '정치 1번지'인 종로에 거물급을 내보내야 한다. 만약 영입에 실패할 경우 당내에선 노무현 전 의원이 적임자"라고 판단했다. 12대 총선 때 '신한민주당 돌풍'을 벤치마킹한 전략이었다.

1985년 12대 총선 직전 김대중과 김영삼은 힘을 합쳐 '신한민주당'을 재건했다. 하지만 정치 활동 규제에 묶여 직접 선수로 뛸 수는 없었다. 두 사람은 이민우를 총재로 세웠다. 그리고 주저하던 그를 설득해 서울 종로·중구(12대까지는 종로와 중구가 한 선거구였다)에 출마시켜 신민당의 총선 승리를 이끌었다.

또 선거판을 '민주당 대 3김' 대결로 몰고 가기에도 최선이라고 봤다. 지역주의 최대 피해자 중 한 명인 노무현을 정치 1번지에 배치하면 각이 설 수 있다고 본 것이다.

공동대표 김원기는 총선기획단의 보고에 수긍했다. 그는 "노 전 의원은 유력한 종로 출마 카드"라며 분위기를 다잡았다. 수도권 출마자들 역시 노무현의 상경을 반겼다. 이철(성북 갑)과 이부영(강동 갑) 등은 "노무현과 함께 서울에 '삼각 벨트'를 구축하면 바람을 일으킬 수 있을 것"이라고 분위기를 띄웠다.

1월 19일 오전이었다. 노무현은 마포 민주당사 기자실을 불

쑥 찾았다. 중앙당 당직을 갖고 있지 않았던 터라 당사에도, 기자실에도 발길이 뜸했던 그였다.

"이번 총선에서 민주당 바람을 일으키기 위해 서울 종로에 출마할 생각입니다. 종로에 후보를 내지 않고도 우리 당이 총선 승리가 가능하겠습니까? 종로는 전국적으로 주목을 받기 때문에 민주당이 주요 전선을 형성하기에 좋은 곳입니다."

누가 봐도 종로 출마 선언이었지만 그는 "김정길 최고위원과 협의 절차를 남겨두고 있다"는 단서를 달았다. 때문에 기자회견이 아닌 차담으로 진행됐다. 그런 그의 조심스러운 행동 때문에 이를 보도한 신문 몇 군데에선 "여전히 부산 출마 가능성이 남아 있다"고 사족을 달았다.

기자들과 대화 도중 노무현은 갑자기 박찬종을 언급했다. 직전 서울시장 선거에서 무소속 돌풍을 일으켰던 박찬종은 사흘 전인 1월 16일 저녁 청와대에서 김영삼 대통령과 만찬 직후 신한국당 입당을 선언한 터였다. 박찬종은 "문민정부의 개혁을 국민적 개혁으로 승화시키기 위해 신한국당 입당을 결정했다"고 했다. 전국 선거 지원을 위해 지역구가 아닌 전국구 순번을 받을 것이란 관측이 돌았다.

"박찬종 전 의원은 전국구로 가선 안 됩니다. 지역구에 나와서 떳떳하게 유권자들에게 심판받아야 하겠죠."

당시 종로 국회의원은 국민회의 이종찬이었다. 그는 종로에서만 내리 4선을 기록한 지역의 터줏대감이었다. 노무현은 이종찬에, 박찬종까지 끌어들여 '큰 판'을 만들고자 했다. 그래야 부산을 떠나는 명분을 세울 수 있다고 봤다.

노무현의 종로 출마 선언은 당장 국민회의를 자극했다. 야당 표 분산이 우려됐던 탓이다. 더군다나 이종찬은 국민회의 부총 재이기도 했다. 김대중 입장에선 무조건 당선돼야 하는 사람이 었다. 유종필 부대변인은 "서울이 정치적 고향을 버리는 사람들의 식민지인가?"라며 "노무현 씨는 '돌아와요 부산항에'를 목메어 부르는 부산의 민주 시민들을 생각하라"고 비판했다(유종필은 훗날 2002년 민주당 대선 경선에서 노무현의 대변인을 지냈다).

노무현은 이런 공세가 반가웠다. 종로 출마에 쐐기를 박을 수 있었다. 곧바로 반격했다. "나에 대한 비열한 비난 이전에 후보부터 야당다운 민주적 인사로 바꾸라"며 "만일 국민회의가 민정당 창당의 주역이자 5·6공 세력인 후보를 정치 1번지인 종로에 내세우지 않았다면 내가 종로로 가는 일은 없었을 것"이라고 했다.

남은 건 김정길과 교통 정리였다. 노무현은 종로 출마를 시사한 직후 김정길을 찾아갔다. 김정길은 당시 상황을 《김정길의 희망》에서 이렇게 소개했다.

1996년 15대 총선을 앞두고 노무현 의원이 이번에는 부산이 아니라 서울 종로에서 출마했으면 하는데 부산을 떠날 명분이 없다고 고민하고 있었다. 나는 "그래, 이번에 당신은 떨어질 것이 뻔한 부산에서 출마하지 말고 서울 종로에서 출마하시오. 당신 지역구는 내가 맡아 당신이 부산을 떠날 수 있도록 명분을 만들어줄 테니 고민하지 말고 가시오"라고 말했다.

1월 24일, 노무현과 김정길 두 사람은 부산에서 합동으로 출마 기자회견을 가졌다. 김정길은 "노무현 전 의원의 부산 동구 지역구를 물려받아 중·동구에 출마하기로 했다"고 했다. 노무현 역시 이 자리에서 종로 출마를 공식 선언했다. 1996년 종로 대전의 시작이었다.

2부
이명박

야망의 세월

—

1995년 3월 22일 오후 4시. 서울 세종문화회관이 있는 세종로 일대는 심한 교통체증을 빚고 있었다. 퇴근 시간도 아니었는데 갑자기 차들이 주변에 몰렸다. 그렇다고 세종문화회관에서 대형 공연이 열리고 있는 것도 아니었다.

차에서 내린 사람들은 세종문화회관 대극장이 아닌, 한쪽 구석에 있는 세종홀로 총총 걸어가고 있었다. 그곳 입구엔 민자당 이명박 의원이 서서 입장객들과 일일이 악수를 나누고 있었다. 거기선 그의 자전적 에세이 《신화는 없다》 출판기념회가 열리고 있었다.

장내엔 어림잡아도 1,500여 명 정도가 들어찼다. 재계나 문화계, 개신교계 등 비정치권 인사들이 많이 보였다. 후일 이명박 정부 대통령직인수위원장을 지낸 이경숙 숙명여대 총장도 있었고, 초대 문화체육관광부장관이 된 탤런트 유인촌도 보였다.

동료 국회의원들 모습은 거의 보이지 않았다. 이명박이 재계에서는 잔뼈가 굵은 '전설'이긴 했어도 정치권에선 '초짜'일 뿐이었다. 전국구 초선의 출판기념회를 축하하러 오기에 광화문은 여의도에서 먼 편이었다.

또 이날 행사의 진짜 목적도 정치권 인사들의 참석을 어렵게 했다. 《신화는 없다》는 두어 달 전인 1월 15일 출간됐다. 책은 시중에 깔리자마자 베스트셀러가 됐다. 출판기념회가 열렸을 때는 이미 책이 20만 부가 넘게 팔린 상태였다. 출간을 축하한다는 게 영 어색한 시점이었다. 의문은 기념회 말미에 진행된 '저자와의 대화'에서 풀렸다.

"요즘 언론에서 의원님이 서울시장에 출마할 거란 보도가 많던데요, 진짜 그럴 생각이 있으신 겁니까?"

이명박은 그 질문을 기다리고 있었다.

"당에서 나에게 출마할 기회를 준다면 민자당 서울시장 후보 경선에 적극적으로 참여하겠습니다. 지금까지 내가 살아왔던 경력이나 방법이 서울시의 산적한 문제를 해결하는 데 도움이 될 것으로 보고 있습니다. 나의 이런 생각은 서울을 위해 봉사하겠다는 것이지, 절대 정치적 발판을 삼고자 함이 아닙니다."

이명박의 '준비된' 발언이 끝남과 동시에 참석자들은 우레와 같은 박수를 보냈다. 그 자리는 애초부터 목적이 정해져 있었다. 거기 모인 사람들도, 모이지 않은 사람들도, 그걸 알고 있었기에 모였고, 모이지 않았다.

언론은 주목했다. 민자당 서울시장 후보군 중 도전 의사를 공개적으로 밝힌 건 그가 처음이었다. 경선을 거칠지 낙점을 할지, 청와대의 결정이 내려지지 않은 상태여서 더 그랬다. 이명박 입장에선 일종의 승부수였다.

이명박의 정치 도전사는 1988년 13대 총선부터 시작될 뻔했다. 그는 1964년 6월 3일 한일회담반대운동 주역 중 한 명이었다. 고려대 상대 학생회장 시절이다. 그 일로 징역도 살았다. 함께 투쟁했던 '6·3동지회' 인사들 상당수가 당시 정치권의 중추들이었다.

그는 동지회 회장을 지낼 만큼 6·3세대 일원임을 자랑스러워했다. 그들로부터 정치 참여 권유를 받은 건 당연한 이치였다. 13대 총선을 앞둔 3월부터 여의도에선 그의 이름이 돌았다. 《동아일보》 1988년 3월 14일자는 "(민정당 영입 대상으로) '경제계'에선 이명박 현대건설 사장 이름이 거론된다"고 했다. 사실이었다. 2002년 출간한 에세이 《절망이라지만 나는 희망이 보인다》에서도 언급했다.

이때 청와대에서는 나를 강남 갑구에서 국회의원 후보로 출마시키고 싶다는 의사를 비서실장을 통해 정주영 회장에게 전달해왔다. 정주영 회장은 나에게 지금은 현대가 노사분규를 겪고 있으니 정치를 하려면 이다음에 풀어주겠노라며, 노사 분쟁이 제일 심한 울산의 현대엔진공업주식회사 회장으로 발령을 내고 내려가서 시급히 일을 해결해달라고 요청했다.

정계 진출은 잠시 유보됐지만 2년 뒤인 1990년, 그에겐 운명 같은 일이 닥쳤다. 우습게도 한 편의 드라마가 그 시작이었다. KBS 2TV 주말 연속극 〈야망의 세월〉이었다.

제작진은 "특정 기업을 모델로 한 게 아니"라고 했지만, 〈야망의 세월〉은 누가 봐도 현대그룹의 성장사를 극화한 거였다. 드라마는 1990년 10월부터 장장 1년 동안 주말 안방극장에 방영됐다. 시청률도 대박을 쳤다. 50퍼센트에 육박하는 수준이었다.

중요한 건 주인공이었다. 탤런트 유인촌이 연기한 '박형섭'은 대학생 시절 6·3항쟁에 참여했다가 고초를 겪었다. 어렵사리 대학을 졸업하고 정계에 투신하는 대신 기업에 들어갔다. 우연히 중소 건설 회사에 입사했고, 해외 건설 현장에 파견돼 발군의 능력과 애사심을 보여줬다. '장 회장'은 그런 그를 눈여겨봤고 박형섭은 초고속 승진을 거듭했다. 두 사람은 숱한 난관을 개척했고 회사를 국내 굴지의 재벌로 키웠다. 이건 누가 봐도 이명박의 인생 궤적이었다.

드라마가 회를 거듭할수록 이명박의 인기도 치솟았다. 국민 모두가 인정하는 '샐러리맨의 신화'가 됐다. 드라마가 너무 인기를 끌다 보니 현실과 구분하지 못해 생기는 해프닝도 많았다. 드라마에서 박형섭이 여자를 만나기라도 하면 장안에는 '이명박에게 숨겨놓은 여자가 있다'는 소문이 돌곤 했다.《신화는 없다》의 한 토막이다.

어느 토요일, 회사일 때문에 늦게 집에 들어갔는데, 아내의 표정이 싸늘했다. "지금 어디서 오는 거예요?" 나는 어안이 벙벙했다. 아니, 어디서 오다니? 잠시 후 아내와 나는 박장대소하고 말았다. 마침 그날 저녁 방송된 드라마에서 내가 대학교 때 여자 친구를 호텔에서 만나고 헤어졌다는 것이다. 마침 내가 집에 들어간 시간이 드라마가 끝난 조금 후여서 아내가 그만 착각하고 말았다는 것이었다.

〈야망의 세월〉은 이명박에게 시련도 안겼다. 정주영과 틀어진 계기가 됐다. 정주영은 애당초 드라마 주인공이 자신이라고 생각했다. 이명박에게 "드라마 촬영에 필요한 지원을 아끼지 마라"고 지시했던 건 그런 이유였다. 출연진을 불러 밥을 사는가 하면 함께 운동을 할 정도였다. 하지만 극 중 '장 회장'이 그저 조연에 불과하다는 사실을 깨닫는 데는 오랜 시간이 걸리지 않았다. 드라마만 보면 현대그룹은 이명박이 일으켜 세웠고, 정주영은 그저 돈만 댄 것에 불과한 딱 그런 상황이었다.

어느 날 정주영은 이명박을 호출했다. 잠시 후 회장실 방문이 열렸다. 이명박이 들어왔다. 정주영의 눈과 말투엔 노기가 서려 있었다.

"이 회장이 작가를 만나 이야기하시오. 거기 정주영 회장이라고 나오는 역이 도대체 말도 안 돼. 그럴 거면 아예 드라마를 쓰지 말라고 일러둬요."

이명박은 어떤 상황인지 직감했다. 시키는 대로 할 수밖에 없었다. 정주영이 시킨 대로 작가를 만나 "제발 정 회장을 주인공으로 하는 드라마를 써달라"고 했다.

"작가님, 이런 식으로 계속 나가면 그룹 차원에서 협조해드릴 수 없습니다."

하지만 그날 이후로도 드라마는 요지부동이었다. 화가 머리 끝까지 치민 정주영은 KBS 사장을 직접 만나 드라마 내용을 수정해달라고도 했다. 역시 꿈쩍도 안 했다. 참다못한 정주영은 이런 해프닝도 벌였다.

어느 날 방송의 날 리셉션이 있었다. 그 자리에 〈야망의 세월〉에서 정 회장 역을 맡은 탤런트 이영후 씨가 찾아와 정 회장에게 반갑게 인사를 했다. 그러나 정 회장은 그 자리에서 이 씨에게 불만스럽게 쏘아붙였다. "현대에는 당신 같은 회장이 없어. 당신이 흉내내는 게 중소기업 사장이지 무슨 대기업 회장이 그런 식으로 행동한다는 거요!"

이명박은 드라마가 잘될수록 밖에선 인기를, 안에서는 눈칫밥을 먹었다. "현대를 이명박 혼자서 일구었느냐"는 뒷담화가 들려왔다. "이명박이가 나한테 이럴 줄은 몰랐다"는 이야기를 정주영이 하고 다닌다는 소문도 들렸다. 이명박은 두 사람의 관계가 예전 같지 않음을 직감했다.

조작된 신화

―

이명박의 의원 시절 비서관을 지냈던 김유찬은 2007년 펴낸 《이명박 리포트》에서 "당시 내막을 잘 아는 관계자가 전해준 뒷이야기"라며 이런 말을 했다.

"그 방송 작가요? 이명박 씨가 불러 두둑이 챙겨주고 해서 확실하게 밀은 거예요. 어떻게 현대를 이명박 혼자 일으켜 세워요?"

〈야망의 세월〉을 집필한 작가는 나연숙으로, 작가 김수현과 1990년대 안방극장을 양분했던 스타 작가였다. 물론 이명박은 정계 입문 이후 시종일관 나연숙과 '교감설'에 대해 "터무니없는 소설"이라고 부인했다.

하지만 정주영의 이야기는 달랐다. 그는 1992년 《시사저널》에 회고록을 연재했는데 〈야망의 세월〉에 대해 "작가의 장난"이라고 딱 잘라 말했다. 자신과 다른 현대 직원들이 주도했던 일까지 전부 이명박의 치적으로 극화했다는 거였다. 그러면서 '소양강댐 건설' 과정을 보여준 대목을 꼽기도 했다.

드라마에서 보면 이명박 씨가 소양강댐이다 뭐다 해서 다 한 것처럼 나오고 박정희 대통령 앞에 가서 으르렁으르렁거린 걸로 나오는데 사실이 아니다. 소양강댐을 만들 때 이명박 씨는 간부도 아니었고 참여도 하지 않았다. 설계에서부터 설계 시공에 이르기까지 전부 서울대 공대 패거리들이 했다. 모두 이 씨의 선배들이었다.

정주영은 극중 태국 건설 현장 폭동 장면도 문제 삼았다. 현대건설은 1965년 태국 파타니 나라티왓 고속도로 공사를 수주했는데, 이명박은 현지에 경리 담당으로 파견됐었다. 당시 일부 노동자들이 임금 인상을 요구하며 폭동을 일으켜, 금고가 있는 현장 사무소에 들이닥쳤다. 바로 거기 '대리 이명박'이 있었다. 〈야망의 세월〉은 이 장면을 그대로 화면에 옮겼다. '박형섭'은 손도끼를 손에 든 폭도들의 위협에도 불구하고 금고를 몸으로 지켰다. 드라마 최고의 명장면 중 하나였다. 이명박은《문화일보》2005년 7월 27자 인터뷰에서 당시를 이렇게 회고했다.

폭동이 진압되고 정주영 사장이 오셔서 나만 남아 금고를 지켰다고 하니 "어떻게 신입 사원이 목숨을 걸 정도로 애사심을 발휘했느냐"고 묻더라고요. 나는 "애사심으로 한 것 같지는 않았다"고 이야기했습니다. "열쇠를 내주는 것 자체가 마음에 받아들여지지 않았다"고 말씀드렸더니 그 분이 "그게 애사심"이라고 했습니다. 그러나 지금 생각해도 애사심보다는 불의에 지기 싫었던 마음이었던 것 같아요.

정주영의 이야기는 전혀 달랐다.《시사저널》회고록에서 "당시 이명박 씨가 금고를 지킨 건 맞는 말인데 혼자 지킨 건 아니었다. 금고를 지키던 수많은 사람들 중 한 명일 뿐"이라고 했다.

솔직히 누구의 기억이 맞는지는 알 길이 없다.

다만 이명박의 현대건설 입사 동기인 이상백 전 벡텔 부사장의 증언은 솔깃하다. 그는 《신동아》 2008년 8월호 인터뷰에서 "현대건설에 '이명박 신화' 같은 건 없었다"고 했다.

"이명박 대통령이나 내가 입사할 때는 이미 현대건설은 국내 5대 건설사였습니다. 현대건설의 성장은 전적으로 사주인 정주영 회장의 덕으로 봐야 하죠."

"입사 때만 해도 중소기업이었던 현대를 국내 최대 재벌로 키웠다"는 이명박의 평소 지론과는 많이 다른 이야기다.

어찌됐든 〈야망의 세월〉은 정주영과 이명박 양쪽에 불신의 싹을 틔웠다. 당시 현대는 2세 경영 체제로 넘어가고 있었다. 정씨 성을 쓰지 않는 사람 중 유일하게 '회장' 직함을 달고 있던 이명박은 하루빨리 방을 비워줘야 하는 입장이었다. 현대와 작별할 시간을 고민하고 있던 그에게 〈야망의 세월〉은 그런 고민을 더 깊어지게 했다.

물론 현대를 떠난 결정적 계기는 정주영의 통일국민당 합류 요청이었다. 그는 정주영의 정치 참여를 반대했다. "경제를 살리기 위해선 기업에 남으셔야 한다'며 눈물까지 흘리며 정주영 회장을 만류했다"는 게 이명박의 당시 주장이었다.

정주영은 1991년 12월, 이명박에게 '함께 정치를 하든지, 현대를 나가든지' 양자택일의 선택지를 줬다. 이명박은 후자를 택했다. 1992년 1월 3일 사표를 냈다. 정주영이 "그룹의 경영에서 완전히 떠나 새로운 일을 시작하겠다"며 정치 참여를 선언한 바로 그날이었다.

'야사'에 전해지는 이야기도 있다. 먼저 '인천제철(현재 현대제철) 요구설'이다. 1991년 말쯤, 이명박이 정주영과 면담하던 중 "현대를 위해 그동안 많은 일들을 했으니 그 보상으로 인천제철을 달라"고 했다는 거다. 정주영은 아연실색해 이내 충격을 받았고 이렇게 말했다고 한다.

"별 미친놈 다 보겠네!"

정주영이 단박에 거절할 걸 알면서도 결별의 명분을 쌓기 위해 일부러 터무니없는 요구를 했다는 거다. 황당한 이야기 같지만 당시 장안에는 꽤 그럴싸하게 돌던 소문이었던 모양이다. 《동아일보》1992년 3월 11일자에는 '인천제철 요구설'에 대한 이명박 본인의 해명이 나온다.

"전문 경영인이 오너에게 인천제철을 달라고 한다고요? 그건 있을 수 없는 일이고 사실무근입니다."

재산이 문제가 됐다는 설도 있다. 한번은 정주영이 이명박의 재산 상황을 알아봤는데, 엄청나게 많더라는 거였다. 이후부터 그를 서서히 경계하기 시작했고, 종국엔 이명박이 현대그룹을 나갈 수밖에 없는 상황이었다는 거다.

전국구 의원

—

이명박은 대통령 퇴임 뒤 쓴 회고록《대통령의 시간》에서 현대를 나온 직후 "1~2년 정도 외국에 가서 공부를 해볼 작정을 하고 유학 준비를 했다"고 했다. 하지만 당시 상황과는 맞지 않는 기억이다. 그의 정계 진출 움직임은 1991년 하반기 때부터 언론에 감지됐다. 기사에 묘사되는 그의 모습은 '유학 준비생'과는 거리가 멀다.《연합뉴스》1991년 9월 27일 기사인데, 현대건설 회장으로 재직하면서 강남 을 지역 부녀자들에게 식사를 대접하다 기존 정치권 조직과 충돌을 일으켰다는 내용이다.

이명박 현대건설 회장이 최근 서울 강남 을 부녀자들을 중심으로 조직을 확대해나가자 이 지역을 노리고 있는 민주계의 강인섭 당무위원은 26일 김윤환 총장과 강재섭 기조실장에게 "공조직에 대한 전면 도발 행위를 방치해서는 안 된다"고 문제를 제기한 데 이어 27일 김종필 최고위원을 방문, "이 회장의 활동은 사전 선거운동이며 과소비 억제에도 역행하는 것"이라며 대책을 촉구했다.

이명박이 현대건설을 퇴직했을 때 측근 일부도 함께 나왔다.

현대건설 해외지사장을 지냈던 권영옥, 현대건설 과장이었던 이광철 비서관 등이 그랬다. 권영옥은 이명박의 처남댁 권영미의 오빠로, 이명박과는 사돈지간이었다. 이명박이 정말 유학을 갈 생각이었다면 이들을 데리고 나올 이유는 없었다.

어쨌든 이명박은 유학을 준비 중에 갑자기 민자당 김영삼 대표에게 연락이 왔다고 했다. "플라자호텔에서 좀 보자"는 거였다. 약속 장소에 나가보니 김영삼이 "서울 강남 을에 출마해달라"고 제안했다는 거다. 그는 《대통령의 시간》에서 당시 상황에 대해 이렇게 썼다.

나는 그 제안을 받아들일 수 없었다. 출마할 경우 결국 정주영 회장의 통일국민당과 맞서 싸워야 했기 때문이다. 거절하고 유학을 준비했다. 그러던 차에 김영삼 대표에게 다시 연락이 왔다. "지역구로 나가면 통일국민당 때문에 곤란하다니 우리당 전국구로 나와주시오." 1992년 5월, 나는 민자당 전국구 의원으로 새로운 도전에 나섰다.

정주영과 의리 때문에 지역구를 피했다는 이야기다. 하지만 역시 어폐가 있다. 그해 총선에서 통일국민당은 강남 을에 아예 후보를 내지도 못했다. 심지어 하마평이 돌던 사람도 없었다. 그의 말대로 "통일국민당과 맞서 싸울" 일은 애당초 없었던 셈이다.

또 그 지역엔 홍사덕이라는 민주당의 스타 정치인이 권토중

래를 노리고 있었다. 당시만 해도 민자당에게 강남 을은 텃밭이 아니었다. 실제 그해 총선에서 홍사덕이 승리했다. 이런 점에 비춰보면 이명박은 의리가 아닌 당선 가능성을 생각해 전국구를 요구했을 가능성이 크다. 어쨌든 그의 말대로라면 이명박이 갑이었고 김영삼은 을이었다는 이야기다. 그런데 《경향신문》 1992년 3월 6일자를 보면 약간 결이 다른 내용이 나온다.

금년 초까지 강남 을구에서 지역구 출마를 준비해왔던 이명박 씨는 민자당 측에서 형인 이상득 의원의 재공천, 정주영 통일국민당 대표와의 관계, 가족 내부 사정 등을 이유로 제외시켰던 인물. 따라서 이 씨의 전국구 공천은 최근 강세를 보이고 있는 통일국민당 견제를 위한 목적이라는 분석이 나오고 있다.

한마디로 당초 지역구 공천 과정에서는 배제됐다가 나중에야 극적으로 구제됐다는 이야기다. 그렇다면 전국구 후보로 생환할 수 있었던 배경은 뭘까. 그건 총선이 가까워올수록 정주영과 통일국민당의 인기가 수직 상승했던 데서 찾을 수 있을 것 같다. 정주영이 정치 참여를 선언할 때만 해도 비판 여론이 많았다. "재벌이 권력까지 잡게 할 순 없다"는 공감대였다.

하지만 기류는 이내 뒤바뀌었다. 정주영은 거침이 없었다. 1992년 새해 벽두부터 "정치 자금을 한 번에 100억 원씩 낸 적도 있다"며 폭로전을 이어갔다. 국민들은 정주영을 정경 유착의

수혜자에서 피해자로 달리 보기 시작했다.

　총선을 앞두고선 "아파트를 반값에 제공할 수 있다"고도 했다. 다른 사람도 아닌 현대건설 정주영의 말이라 왠지 믿음이 갔다. 통일국민당은 기성 정치인들은 물론 김동길 연세대 교수, 코미디언 이주일 등 비정치권 명망가들도 잇따라 영입했다. 통일국민당 바람이 불기 시작했다.

　청와대와 민자당은 비상이 걸렸다. 어떻게 해서든 바람을 잠재워야 했다. 이명박의 '존재 가치'가 재발견됐다. 정주영의 '양아들'을 맨 앞에 세워 정주영을 치게 한다……. 더할 나위 없는 전략이었다.

　민자당은 3월 5일 54명의 전국구 후보 명단을 발표했다. 이명박은 25번이었다. 30번 정도까지가 당선 안정권이었다. 지역구 공천에서도 탈락한 사람에게 준 것치고는 대단히 후한 자리였다.

　《한겨레》 3월 6일자 기사에 따르면 "사정 기관의 주변 조사 과정에서 사생활 문제 등이 발견되고 지역구 공천자인 이상득 의원과 형제지간이라는 점이 지적돼 영입 대상에서 탈락됐던 것으로 알려졌지만" 통일국민당 변수는 그걸 상쇄시키고도 남았다.

　그런데 《경향신문》과 《한겨레》에서 나란히 언급한 '가족 내부 사정', '사생활 문제'는 뭘 가리키는 것이었을까. 당시 언론 보도를 종합해보면 재산 문제였을 가능성이 높다. 실제 그는 국회의원 당선 1년 뒤인 1993년 고위 공직자 재산 공개에서 포착된 각종 잡음으로 눈총을 받았다. 이와 관련해 전 비서관 김유찬의 말이다.

"1992년 총선 전 사정 기관에서도 이명박 의원 앞으로 돼 있는 다수의 부동산 등 정체불명의 재산에 대해 대대적인 조사를 벌인 일이 있었어요. 그런데 이런 내용은 어찌된 일인지 공개되지 않았습니다. 미루어 짐작컨대 당시 권력은 이 의원에게 정주영 회장을 배반하는 조건으로 이걸 눈감아줬던 게 아니었나 싶어요."

정주영 저격수
—

재계에서는 '샐러리맨의 신화'로 통했다. 하지만 정치권에선 풋내기였고 후순번 전국구일 뿐이었다. 오라면 와야 했고 가라면 가야 했다. 1992년 12월 대선이 가까워오자 금배지를 달아준 사람들의 '본전 뽑기'가 시작됐다.

"이 의원, 정주영 후보의 사생활과 비리를 잘 알고 있죠? 그걸 폭로해주세요."

이명박은 《대통령의 시간》에서 "당 선거대책본부 홍보팀이 '정주영 저격수'가 돼줄 것을 요청했다"고 했다. 하지만 응하지 않았다고 했다. 단순히 정주영과 의리 때문만이 아니었다. 그렇게 '소비'되는 게 싫었다는 거다. "네거티브의 도구로 전락하는 것은 스스로 용납할 수 없는 일이었다"고 그는 회고했다.

하지만 당 수뇌의 요구는 집요했다. 대선 직전 당에선 이명박을 일방적으로 텔레비전 찬조 연설자로 발탁했다. 김영삼과 민자당은 그만큼 절박했다. 정주영이 보수 진영과 영남권 지지세를 잠식할수록 진보 진영과 수도권·호남의 지지를 받는 김대중과 격차가 좁혀질 수밖에 없었다.

이명박은 정주영이 내놓은 대선 공약의 문제점을 비판하는 연설문을 작성했다. 심지어 "정주영 후보가 평소에 '김영삼 씨는 정직하고 깨끗한 사람'이라고 말했다"는 일화를 집어넣어 연설을 마무리할 작정이었다. 정주영을 크게 비난하지 않으면서도 김영삼 지지를 당부하는, 일종의 포지티브한 네거티브 메시지였다.

당 지도부의 반응은 싸늘했다. 이명박은 "결국 이런 사실이 김영삼 후보의 귀에 들어가 내 찬조 연설은 막판에 무산됐다"며 "이 사건 이후 여당 측 인사들은 나를 곱게 보지 않았다. 이 일은 3년 후까지 내게 영향을 미쳤다"고 했다.

실제 당시 언론 보도를 봐도 이명박은 최대한 절제하고 있었다. 그가 대선 유세 현장에서 처음 마이크를 잡은 건 12월 12일, 대선 엿새 전 대구 유세에서였다. 세간의 이목은 그의 입에 쏠렸다. 정주영에 관한, 세상을 깜짝 놀라게 할 비화들이 쏟아질 거란 관측에서였다.

"정주영 후보가 정치를 한다고 할 때 '경제를 살리기 위해선 기업에 남아야 한다'고 눈물까지 흘리며 만류했었습니다. 아파트 반값과 금리 6퍼센트 인하 공약은 실현 불가능한 '공약空約'입니다. 이제 국민들의 힘으로, 그를 기업으로 돌아가게 합시다!"

소문난 잔치는 역시 먹을 게 없었다. 당 지도부는 실망했다. 문제는 나흘 뒤인 12월 16일 울산 태화강시민공원 유세였다. 울산은 현대자동차 공장과 조선소가 있는, 정주영의 홈그라운드였다. 이명박은 연단 위에 앉아 있었다. 하지만 끝내 마이크 앞에 서지 않았다. "현대건설 회장 출신의 이명박 의원도 참석하셨다"는 사회자의 소개만 울릴 뿐이었다.

현대와 이명박의 관계는 '핵 딜레마' 상황과 비슷했다는 게 주변의 설명이다. 이명박의 과거 측근 한 사람은 "현대는 현대대로, 이명박은 이명박대로 손에 쥐고 있는 게 많았기 때문에 서로 노골적인 공방은 벌일 수 없었다"고 했다.

"이명박 씨는 정주영 회장의 사생활과 현대그룹의 모든 속사정을 알고, 정주영 회장과 현대 역시 이명박 씨의 재산 문제 등 치부를 알고 있었기 때문에 서로 선을 넘지 않으려고 했던 거죠."

특히 이명박은 현대자동차에 자동차 시트를 납품하고 있던 대부기공(현 다스)의 안위를 걱정했다고도 했다.

"대부기공은 정세영 회장이 고려대 후배인 이명박을 위해 특별히 챙겨준 회사였습니다. 이명박이 정주영 공격 선봉에 섰다면 정세영 회장이 그걸 가만 놔뒀겠습니까. 대부기공이 당장 위태로워졌 겠죠."

이와 관련해선 한때 이명박의 측근이었던 정두언 전 의원이 최근에 밝힌 이야기가 있다. 정두언은 언론 인터뷰에서 "과거에 정세영 현대차 회장이 이명박에게 '뭐 하나 해야 하지 않나'라고 권유해 다스를 만들었다고 MB 본인이 직접 말하는 걸 들었다" 면서 "당시 왕회장(정주영)의 양해에 따라 다스가 만들어졌다는 취지의 발언을 MB가 했고 여러 자리에서 같은 이야기를 들었 다"고 했다.

어쨌든 12월 18일 대선은 예상대로 정주영의 완패였다. 그는 총선 때보다 낮은 득표율(16.3퍼센트)을 얻어 3위로 낙선했다. 엎 친 데 덮친 격으로 김동길 의원의 당무 거부 등 통일국민당 내홍 사태와 검찰의 현대중공업 비자금 유출 사건 수사가 겹치면서 내우외환에 시달렸다.

대선 직후 동생인 정세영 현대그룹 회장이 김영삼 대통령 당 선인을 찾아가 "무릎을 꿇었지만" 현대그룹에 대한 전방위적 사 정 움직임은 멈출 줄 몰랐다. 답은 정해져 있었다. 정주영은 대 답만 하면 됐다. 대선 패배 2개월여 만인 1993년 2월 9일, 정주 영은 돌연 정계 은퇴를 선언했다.

정주영의 퇴장은 이명박에게는 해방이었다. 하지만 새로운 고민을 던졌다. 또 다른 쓸모를 입증해 보여야 했다.

재산 공개

—

위기는 엉뚱한 데서 찾아왔다. 그의 자랑스러운 이력이 발목을 잡았다. 대통령이 되고 나서도, 대통령 임기가 끝난 이후에도 그를 옭아매고 있는 '재산 논란'의 시작이었다.

민자당은 1993년 3월 4일 소속 국회의원들과 당직자들의 재산을 일괄 공개키로 결정했다. 새 정부 출범 이후 김영삼 대통령을 시작으로 고위 공직자들의 자발적 재산 공개가 줄줄이 이어지는 상황이었다. 여당도 동참한다는 차원이었다.

세간의 관심은 전·현직 기업인 출신 의원들에게 쏠렸다. 이명박도 그중 한 명이었다. 공개 결정이 내려지고 보름여 만인 3월 22일 소속 국회의원 162명의 재산 일체가 공개됐다. 이명박은 62억 3,000여만 원을 신고했다. 주변에서는 "생각보다 재산이 적다"는 반응이 많았다. 그로선 다행이었다.

그러나 자세히 속을 들여다보자 곳곳에서 허점이 드러났다. 《동아일보》 1993년 3월 23일자에는 그의 '아킬레스건'인 서초동 영포빌딩이 처음 등장했다.

이명박 의원이 노른자위 땅인 서울 서초동 소재 대지 377평, 연면적 1,765평 빌딩을 정확한 번지수도 밝히지 않은 채 기준시가 및 시가로 5억 5,700만 원이라고 신고하자 당내에서는 "눈 가리고 아웅하는 격"이라며 노골적으로 비난하고 있다. 당에는 "지금 당장 10억을 내놓을 테니 그 땅을 팔라"며 비아냥대는 전화가 빗발쳤다.

이명박은 재산 공개 엿새 전 압구정동 현대아파트를 매각했다. 당시 그는 "재산 공개 때문이 아니라 일신상 사정에 의한 것"이라고 했지만 여론은 믿지 않았다. 80평짜리, 당시 시가로도 12억 원 상당의 아파트였다.

2018년 검찰 수사로 실소유가 입증되고 있는 도곡동 땅 의혹이 불거진 것도 이때부터였다. 《세계일보》 3월 27일자에는 "이 의원은 현대건설 사장에 취임한 77년부터 서울 강남 개발 붐이 시작되자 회사 차원의 부동산 투자를 해오다 85년부터 강남구 도곡동 165 일대 현대체육관 인근 나대지 1,313평을 개인적으로 구입, 부인 김윤옥 씨의 동생 재정 씨 명의로 등기해놓은 것으로 밝혀졌다"고 보도했다.

여론은 끓어올랐다. '신한국 건설'을 기치로 내건 청와대는 당에 즉각 실사팀을 꾸리도록 지시했다. 경중에 따라 경고, 출당, 의원직 사퇴 요구 등 초고강도 후속 조치가 뒤따랐다. 중진 거물들이 추풍낙엽이 됐다. 이명박도 '경고 처분' 대상자 중 한 사람으로 거론됐다.

전국건설노동조합연맹은 그해 9월 9일 성명을 내고 "신입 사원으로 출발해 월급쟁이로는 보기 드문 초고속 승진을 했다고 하지만 오너가 아닌 전문 경영인이 이 같은 축재를 할 수 있었던 건 거의 불가능한 일"이라고 했다.

김유찬은 당시 재산 공개 파문과 관련, 《세계일보》가 이명박 의원의 재산 등록 축소 신고 의혹을 보도한 직후 김영삼 대통령과 주변 청와대 참모들이 깜짝 놀랐고, 이후 이명박을 보는 시선이 곱지 않다고 들었다"고 했다.

그러나 무슨 이유에선지 청와대와 민자당은 같은 해 9월 징계 대상자를 대폭 축소해 사태 수습에 나섰다. 제명당한 의원은 고작 2명이었고, 비공개 경고 조치를 받은 의원도 5명에 불과했다. 이명박은 '무혐의' 판정을 받았다. 6개월여 만에 정치적 사면은 받을 수 있었지만 내상은 컸다. '샐러리맨 신화' 이미지에도 커다란 금이 갔다. 재산 논란을 둘러싼 실체는 25년이 지난 2018년 검찰 수사가 본격화되면서 서서히 밝혀지고 있다.

서울시장을 향한 꿈

—

1994년 10월 21일 성수대교가 무너졌다. 출근길, 등굣길이던 오전 7시 40분 다리 상판 일부가 갑자기 푹 주저앉았다. 다리 위를 지나던 시내버스 등 차량 10여 대가 강으로 곤두박질쳤다.

시민 32명이 숨졌다. 그중 8명은 다리 건너편 무학여고 학생들이었다.

항상 그랬지만 이번에도 인재였다. 부실시공과 안전 관리 소홀이 빚은 참극이었다. 정치권에선 내각 총사퇴 요구가 빗발쳤다. 청와대는 사건 발생 일곱 시간 만에 이원종 서울시장을 경질했다. 계속 버티던 대통령은 나흘 뒤에야 사과 담화를 냈다.

청와대는 부랴부랴 기술직 부시장을 지낸 인사를 신임 시장으로 임명했다. 하지만 그 역시 스캔들에 휘말려 임명 11일 만에 물러났다. 참사에 버금가는 '인사 참사'였다.

상황을 수습할 서울시장이 부재했다. 청와대는 그때 '이명박 카드'를 잠시 고민했었다. 현대건설에서 잔뼈가 굵은 그의 경력에 대한 믿음이었다. 실제 능력 유무는 중요한 게 아니었다.

하지만 결국 불발됐다. 역시 재산 문제였을 것으로 추정된다. 1993년 시작된 고위 공직자 재산 공개 때 불거졌던 의혹이 발목을 잡았다.《한겨레》1994년 11월 4일자는 이명박이 관선 서울시장 후보 중 한 명이었다며 이런 설명을 달았다.

신임 서울시장 후보의 조건을 충족시키는 인물들의 경우 재산이 과다해 국민 정서와 맞지 않거나 부동산 투기 혐의를 받을 수 있는 경력이 있는 등 하자가 발견되었고…….

이명박은 진작부터 서울시장을 꿈꿨다. 주변의 권유였다.《동아일보》1992년 3월 11일자를 보자.

　이명박 씨의 한 측근은 "이 씨의 정치 참여 결정이 굳어지면서 6·3
세대 동기를 비롯한 주변 사람들이 국회의원보다는 서울시장 같
은 단체장이 적합하지 않겠느냐고 권유해 이 씨가 서울시장 출마
쪽으로 마음이 기울었던 것 같다"고 말했다.

　같은 해《매일경제》1월 28일자에도 비슷한 내용이 나온다.
정치권에 입문하고서도 딱히 거취를 정하지 못하는 동생에게
민자당 이상득 의원은 "서울시장 도전을 권했다"며 "경제인이
험난한 정치판에 바로 뛰어들기도 힘들 것으로 보여 국회의원
이 되는 걸 적극 말렸다"고 했다.

　얼핏 들으면 형제애의 발로일 수도 있지만 이는 이상득 본인
의 공천 문제 때문이었다. 당시 민자당 내부에선 "형제가 나란
히 금배지를 다는 건 말도 안 된다"는 원성이 자자했다. 경북 영
일·울릉 재공천을 받기 위해선 어떻게든 동생과 교통정리를 해
야 했다. 그해 6월 3일 가락동 중앙교육연수원에서 열린 민자당
의원총회에 대통령 노태우는 당 총재 자격으로 참석해 이명박
을 가리켜 이렇게 말했다.

　"의정 사상 한 형제가 같은 당에서 활동하는 것은 처음 있는
일 같습니다. 난형난제란 말도 있으니까 우리 한번 지켜봅시다."

　다시 말하지만 '형제 공천'은 그만큼 파격이었다.

1995년 전국동시지방선거의 원년이 시작됐다. 정치권은 새해 벽두부터 광역단체장 후보군을 놓고 설왕설래를 시작했다. 제일 관심은 서울시장 후보였다. 누가 될지는 몰랐지만 누구여야 하는지는 대략 정해져 있었다. 김영삼 집권 3년차 시작이었다. 국정 운영의 동력 확보가 어느 때보다 절실했다. 미래 권력이 등장해 통치 기반을 위협해서는 안 되는 상황이었다.

그런데 하나같이 '민선' 서울시장은 '부통령'급의 정치적 위상을 갖게 될 거라고 전망했다. 결국 집권 여당의 서울시장 후보는 대통령을 배신하지 않을 직계이거나 정치적 야망이 없어 보이는 관리형, 돌출 행동을 하지 않는 행정가형이어야 한다는 이야기로 정리됐다. 무엇보다 서울시장 후보는 당 총재인 김영삼의 선택에 달린 문제였다.

베스트셀러

—

《한겨레》1995년 2월 15일자에 실린 서울시장 후보 여론조사 결과를 보면, 이명박의 초반 스타트는 나쁘지 않았다. 서울시민 590명을 대상으로 실시된 전화 여론조사였는데, 응답자들은 정치인보다는 '행정 전문가'나 '전문 경영인' 출신을 선호했다. 지지 여당 후보 순위에서 총리를 지낸 정원식(8.9퍼센트)과 이명박(7.7퍼센트)이 선두권을 형성했다.

이명박의 인기는 서점가를 중심으로 형성되고 있었다. 《신화는 없다》는 초대박을 쳤다. 1월 21일 출간 이후 대형 서점마다 수 주째 비소설 분야 1위를 달렸다. 출판사 김영사의 전망을 훌쩍 뛰어넘는 결과였다.

서점가에서도 의외란 반응이었다. 예나 지금이나 정치인 책은 본전이면 성공이었다. 드라마 〈야망의 세월〉이 종영한 지도 4년이 지났다. 그의 성공 스토리가 새삼스러울 것도 없었다. 그렇다고 정치권 입문 이후 딱히 두드러진 활동을 보여주지도 않았다. 고위 공직자 재산 공개 때 드러났던 재산 문제는 '신화'를 빛바래게 했다.

이 '비밀'은 2017년에서야 드러났다. 〈JTBC 뉴스룸〉은 12월 11일 이명박의 실소유 의혹을 받았던 주식회사 다스가 회사 자금을 동원해 《신화는 없다》를 대량 구매했다고 보도했다. 취재에 응한 당시 다스 관계자들은 "책을 트럭째로 사다 날랐다"며 다스 경주 공장, 심지어 직원들 차량에까지 책을 싣고 다니면서 사재기를 했다고 증언했다. 《이명박 리포트》에서도 비슷한 내용이 나온다.

이명박 씨는 자신의 책을 베스트셀러로 만들기 위해 수단 방법을 가리지 않았다. 그중 하나가 책을 모조리 사버리는 것이었다. 지구당 참모들과 그 식구들이 동원됐다. 사람들 눈에 띄지 않으려 50권 혹은 100권씩 사들였다. 지구당 창고에는 그렇게 사들인 책이 일주일이면 수천 권씩 쌓여갔다.

이명박이 1992년부터 민자당 서울 종로지구당 위원장을 역임하던 시절, 지구당 조직부장을 지낸 주종탁 역시 "내가 직접 교보문고, 종로서적 등을 돌아다니며 책을 마구잡이로 사들였다"고 증언했다.

"아침에 지구당에 들러서 돈을 받습니다. 책 살 돈이죠. 제 돈 주고 살 순 없으니까요. 그리고 저와 다른 직원 2명까지, 모두 3명이 따로따로 오전부터 시내 대형 서점을 돌았습니다. 차 트렁크에 한가득이었죠. 점심에 밥을 먹고 오후에 다시 서점에 나가 같은 방식으로 책을 구입했습니다. 서점에서도 눈치는 챘지만 그걸 제지할 이유는 없었죠."

또 이 책은 이명박과의 인터뷰를 토대로 소설가 이청이 대필했는데, 돈 문제가 생겼다고 한다. 당시 이명박의 측근이었던 이는 그때를 이렇게 회고했다.

"이명박 의원이 대필한 사람에게 원고료를 제대로 주지 않았어요. 왜 그렇게 돈을 아끼려고 했는지 모르겠어요. 그래서 소설가 이청 씨가 영포빌딩에 돈을 받으러 몇 번 찾아오는 일도 있었다고 해요. 막판에는 원래 친분이 있던 소설가 박범신 씨, 작가 김수현 씨에게 원고를 넘겨 최종 감수를 받았죠.”

이명박은 왜 지명도를 높이기 위한 방편으로 '책'을 선택했을까. 1989년 출간된 대우그룹 김우중 회장의 자서전《세계는 넓고 할 일은 많다》가 결정적인 영향을 줬다고 한다. 책은 1년 만에 최단기 밀리언셀러가 되고 김우중 역시 일약 '국민적 스타'가 돼 대선 주자로 이름이 오르내리던 상황을 보고 힌트를 얻었다는 거다. 그래서였는지 두 책 모두 김영사가 펴냈다. 어쨌든《신화는 없다》는 베스트셀러가 됐다.

겁 없는 신인

—

이명박은 1995년 2월까지만 해도 청와대를 의식해 한껏 몸을 낮췄다. 공개 석상에서 단 한 번도 자기 입으로 서울시장을 언급하지 않았다. 그랬던 그가 3월 들어 본격적으로 군불을 때기 시작했다.

“제가 현대건설에 있는 동안 서울 시내 각종 공사에 직접 참여했던 경험이 있습니다. 바로 그것이 제가 민선 서울시장 꿈을 갖게 된 계기입니다.”

하지만 그건 이명박의 바람일 뿐이었다. 당내 상황은 전혀 달랐다. 현직 관선 서울시장인 최병렬이 제일 무난하다는 평가였다. 성수대교 붕괴 사고 수습을 잘 마무리한 덕분에 청와대로부터 합격점을 받고 있었다. '현직 시장' 프리미엄을 누릴 수 있다는 이점도 있었다.

다른 한쪽에선 고건 전 서울시장, 정원식 전 국무총리, 심지어 이미 무소속 출마를 선언한 박찬종 의원, 김우중 대우그룹 회장 이름을 언급하기도 했다. 이회창 전 국무총리 이름도 나왔다. 당시 그는 '대쪽' 이미지 덕분에 대중적 인기가 높았다. 어쨌든 중요한 건 이명박의 이름은 없었다는 사실이었다. 여권 내부에선 그를 불쏘시개로만 쓰려고 할 뿐 시장감으로는 조금도 염두에 두지 않는 기류였다.

그럴 수밖에 없었다. 경제인 출신 전국구 초선이 서울시장을 하겠다고 덤벼드는 건 정서적으로 용납될 일이 아니었다. 재계에 있을 땐 신화였는지 몰라도 지금은 아니었다. 김영삼 대통령 직계인 민주계의 시선이 유독 달갑지 않았다. 이런 정서는 1992년 대선 이후로 급속히 확산됐다. 그의 과거 측근의 회고다.

"정주영 회장 뒤통수를 칠 목적으로 영입했는데 딱히 그러지도 않았고, 재계 출신이라고 해서 돈 좀 끌어다 주나 했는데 모금을 해오기는커녕 자기 돈도 잘 쓰지 않고……. 더군다나 다른 중진들도 다들 청와대 눈치만 보면서 언감생심 하는 서울시장직에 나서겠다고 손을 드니 다들 기가 차다는 반응이었죠."

민주당은 가속페달을 밟고 있었다. 조순 전 경제부총리는 1995년 4월 14일 "서울시장에 출마하겠다"고 공식 선언했다. 그는 동교동의 선택이었다. 이미 시장 출마를 선언했거나 준비하던 당내 중진들은 하나둘씩 출마 뜻을 접었다.

민자당은 시계 제로였다. 4월 중순쯤 이회창은 "서울시장에 나갈 생각이 없다"며 여권의 러브콜을 공식적으로 거절했다. 앞서 거론됐던 후보들도 이런저런 이유로 두 손을 들었다. 핑계는 다양했지만 결국 민자당 후보로 나가면 망신만 당할 거란 계산에서였다. 결정을 더는 늦출 수 없었다.

민자당 이춘구 대표는 4월 21일 기자간담회를 소집했다. 당 안팎에선 정원식 전 총리와 이명박 의원으로 압축됐다는 소문이 돌았다. 청와대 주례 회동에서 이 대표가 김영삼 대통령에게 두 사람의 경선을 통한 최종 후보 선정 방안을 올렸다는 이야기도 들렸다.

이춘구는 기자들에게 "패기도 좋지만 노련미와 배짱도 있고 큰일을 치러본 경험이 있는 사람이면 좋겠다"고 했다. 말은 이춘구가 했지만 기자들은 그게 김영삼의 말이라는 걸 금방 알아차렸다. 김영삼은 정원식으로 쏠려 있었다.

정원식은 여당의 서울시장 후보 자격 요건에도 안성맞춤이었다. 67세 고령이었다. 잘돼야 재선 서울시장이었다. 관리형이기도 했다. 누구처럼 대통령에게 도전할 사람도, 미래를 기약할 사람도 아니었다. 임기 말 김영삼에게는 더할 나위 없는 후보였다.

그때까지 미국에 체류 중이던 정원식은 이춘구 기자회견 바로 다음 날인 4월 22일 급거 귀국했다. 김영삼은 정원식을 곧바로 청와대로 불렀다. 만찬을 함께하며 서울시장 출마를 제안했다. 정원식은 이를 수용하면서도 모양새를 걱정했다. 그는 '추대'를 원했다. 그건 김영삼도 같은 생각이었다. 김영삼은 "그 문제는 걱정하지 말라"는 뜻을 전했다.

이명박은 두 사람의 만찬 회동 소식을 접하고 강력히 반발했다. 일찌감치 경선 후보 등록까지 해놓고 링 위에서 상대를 기다리고 있던 상황이었다. 추대는 반칙이었다. 기자들을 만나 "경선이 이뤄지지 않는다면 모든 결과는 당에서 책임져야 한다"고 으름장을 놨다.

4월 27일은 분수령이었다. 청와대에선 민자당 초·재선 의원 28명 초청 만찬이 열렸다. 김영삼은 이 자리에서 '정원식 추대론'을 공식화했다.

"서울시장은 큰 인물을 내세워야 하고 경선을 안 해도 좋은 인물이 나와야 합니다. 정원식 전 총리의 화술과 용모가 뛰어나서 텔레비전 토론을 하더라도 조순 전 부총리보다야 훨씬 낫지 않겠습니까."

김영삼은 이명박에 대한 언급도 했다.

"이 의원 같은 경우는 아직 젊기 때문에 정 전 총리의 선거대책본부장이 돼 선거를 돕는 게 어떨까 싶어요. 생각해보세요. 정원식 전 총리가 누굽니까. 지난 대선에서 나의 선거대책위원장을 지냈던 사람 아닙니까."

이번엔 잠자코 있으라는 경고였다. 그러면 뭔가 반대급부가 있을 거란 격려이기도 했다.

그러나 이미 이명박은 통제 불능이었다. 당 지도부에 탈당 가능성을 내비쳤다. 하는 수 없이 청와대가 나섰다. 정무수석이 연락해 "대통령이 만나고 싶어 한다"는 뜻을 전했다. 이명박은 거절했다. "청와대로 불러 후보 사퇴를 종용할 생각이라면 만나지 않겠다"고 했다.

"이 의원. 정치를 시작한 지 얼마 안 돼 그러는 것 같은데 대통령이 만나자는 걸 거절하는 게 얼마나 큰 실수인지 아시오?"

정말 말도 안 되는 배짱이었다. 정무수석이 이렇게 잔뜩 겁을 줬지만 이명박은 그래도 버텼다. 시간이 촉박했다. 김영삼이 직접 나섰다. 이명박에게 전화를 걸어 "같이 아침 식사를 하자"고 했다. 이명박은 그마저 거절할 순 없었다. 담판을 지어야 했다. 두 사람의 만남은 5월 2일 오전 7시로 정해졌다.

YS와의 담판

—

이날 청와대 조찬 회동에 허락된 시간은 길어야 40분 정도였다. 이명박은 안내를 받고 들어온 식당에 먼저 자리를 잡고 앉았다. 대통령에게 전해야 할 이야기를 머릿속으로 정리하고 있었다.

얼마 안 돼 식당 문이 열리면서 김영삼이 들어왔다.

"아이고, 이 의원. 오래 기다렸나?"

두 사람은 모두 개신교 장로였다. 식사가 나오자 함께 기도를 하며 어색한 분위기를 달랬다. 김영삼은 며칠 전 다녀온 APEC 정상회담 후일담을 꺼냈다. 1분, 2분……. 아까운 시간이 흘렀다. 이명박은 대통령의 페이스에 말릴 수 있을 것 같다는 생각이 들었다. 그는 대통령의 말을 가로막고 본론을 꺼냈다.

"당헌, 당규에 따라 제가 경선 후보로 나선 것인데 별안간 정원식 씨를 추대하는 것은 원칙에 벗어난다고 봅니다. 각하, 부디 경선을 허락해주십시오."

"나도 1992년 대통령 후보 경선해봤어요. 그런데 그거 후유증이 너무 큽디다. 민정계의 이종찬하고 경선했지만 나중에 어떻게 됐습니까. 당 뛰쳐나갔잖아요."

"경선을 통해 뽑은 후보라야 경쟁력이 있습니다. 경선 후유증을 걱정하시지만 저는 경선만 치러진다면 결과에 무조건 승복하겠습니다."

"이 의원은 젊으니까 앞으로 다른 일을 할 기회가 많이 있지 않겠어요?"

김영삼과 이명박, 둘 다 조금도 양보할 생각이 없었다. 대화는 평행선을 그었다. 조찬은 예정된 시간을 훌쩍 넘겨 두 시간 가까이 진행됐다. 거기까지였다. 이명박은 "고민해보겠다"는 말로 자리를 끝냈다. 식당 앞에서 두 사람은 악수를 나눴다. 이명박은 훗날 "식당 앞에서 별말 없이 악수하는 대통령의 안색이 편치 않아 보였다"고 했다. 야사에 전해지는 이야기이지만 이명박이 이날 김영삼에게 "각하, 경선을 꼭 붙여주십시오" 하며 바닥에 넙죽 엎드려 큰절을 올렸다는 소문도 돌았다.

회동 이후로도 달라진 건 없었다. 청와대는 새로운 조건을 내놓지 않았다. 이명박은 벼랑 끝까지 내달렸다. 주변에 "내가 국회의원 배지를 달면 언제부터 달았다고 이런 거에 연연하겠느냐"고 말했다. 여차하면 의원직도 던지겠다는 투였다.

당 안팎에선 청와대가 이명박의 뒤를 캐기 시작했다는 소문이 돌았다. 제 발로 나가떨어지지 않으니 떨어뜨려놓겠다는 거였다. 재산 문제를 뒤지고 있다는 설이 파다했다.

5월 8일 오전, 갑자기 정원식이 민자당 기자실에 등장했다. 품에서 종이 한 장을 꺼내 들고 천천히 읽어 내려갔다.

"서울시장 후보 경선을 수용하겠습니다. 저는 어제 청와대에 이 같은 뜻을 전했고 이 문제를 놓고 누구와도 상의하지 않았습니다. 저는 민자당의 승리를 위해 이 같은 결단을 내린 것입니다."

정원식은 유난히 '독자 결정'이라는 데 방점을 찍었다. 하지만 누구도 그렇게 믿는 사람은 없었다. 어쨌든 '경선 샅바 싸움'의 승자는 이명박이었다. 이명박은 "경선이 실현된 것은 당의 민주화와 선거 승리를 위해 의미가 크다"며 "경선 결과에 승복할 것"이라고 했다. 그는 정원식의 정자도 꺼내지 않았다. 그에게 고마 위해야 할 이유가 없었다. 어차피 청와대의 결정이었으니까.

고작 전국구 초선 의원이 대통령이자 당 총재인 김영삼의 '명령'에 맞서 싸운 끝에 쟁취한 승리였다. 야당도 이명박을 높이 평가했다. 민주당 박지원 대변인은 논평을 내고 "이 의원의 탈당 협박으로 마지못해 결정된 경선이지만 대통령에 대한 이 의원의 경선 중립 요구는 용기 있는 행동"이라고 치켜세웠다. 지금으로선 격세지감이지만 《한겨레》 5월 9일자는 이명박의 이런 '승리'를 이렇게 평가했다.

이제 당내 누구도 이명박 의원을 '만만한 초선 의원'이라고 보지 않게 된 것은 부인할 수 없는 일이다. 당 중진도 어찌해볼 엄두를 못 내던 청와대의 고집을 그가 꺾었기 때문이다.

예정된 패배

—

천신만고 끝에 얻어낸 경선이었지만 승패는 사실상 예정돼 있었다. 어차피 이길 수 없는 승부였다. 대의원들은 '김심'의 향배를 알고 있었다. 또 경선일인 5월 12일까지 선거운동을 할 수 있는 시간은 고작 나흘뿐이었다. 아무것도 하지 말란 이야기였다. 경선으로 포장된 '추대식'이 준비되고 있었다.

이명박으로선 크게 지지 않아야 했다. 대패하면 "이러려고 그

난리를 폈느냐"고 공격할 게 뻔했다. 몸집을 키우려고 벌인 일이 도리어 발목을 잡을지도 모를 일이었다.

경선 당일인 5월 12일 서울 올림픽체조경기장 주변은 오전까지도 횡했다. 정오를 넘어서면서부터 대의원 행렬이 이어졌지만 북적대는 느낌은 아니었다. 오후 2시, 개회 선언 직후 파악된 참석 대의원 수는 7,700명. 전체 대의원의 61퍼센트였다. 평일 오후인 탓이기도 했지만 뜨거운 경선 열기를 원하지 않은 지도부의 바람이 작용한 것이기도 했다. 그렇게 시작된 경선은 예상대로 파행이었다. 이명박은《절망이라지만 나는 희망이 보인다》에서 당시의 참상을 이렇게 기억했다.

상대 후보 연설에서는 멀쩡하던 마이크가 내 차례가 돌아오자 작동에 이상이 생겼다. 내가 소리를 높이면 마이크 볼륨이 떨어져 무슨 말을 하는지 들리지 않았고 내가 소리를 낮추면 그때서야 마이크 볼륨이 올라가는 기현상이 벌어졌다.

오후 4시 50분, 개표가 시작됐다. 상황실 주변에서 양 후보 진영 관계자들이 연단 위에 연신 수신호를 보냈다. 초반부터 정원식의 일방적인 독주였다. 내빈석에 앉은 지도부 표정은 일제히 환하게 밝아졌다. 오후 6시 20분 개표 결과가 발표됐다.

"총 투표자 7,700명 중 정원식 후보가 4,701표, 이명박 후보가 2,884표를 획득했습니다. 이로써 민자당의 서울시장 후보로 정원식 후보가 당선됐음을 선언합니다."

득표율로는 정원식 61.05퍼센트, 이명박 37.45퍼센트였다. 당초 7 대 3 패배가 예상됐던 경선이었다. 이명박으로선 상당한 선전이었다.

그는 곧바로 패배를 시인했다. "경선을 받아준 대통령에게 감사하다"는 말만 전했다. 기자들이 '패인'을 물었다. 이명박은 쓴웃음을 지었다.

"다 지게 돼 있는 선거 아니었습니까. 이런 상황에서 이길 수 있다면 그게 더 이상한 거죠. 할 말은 많지만 지금은 단합해야 할 때이기에 더 말하지 않겠습니다."

다음 날 청와대에서 전화가 걸려왔다. 김영삼이었다.

"패배한 뒤에도 정원식 후보 손을 잡고 축하해주는 모습이 감동적이었습니다. 난 우리 이 의원이 탈당할 줄 알았어요."

김영삼은 통화 말미에 1970년 신민당 대선 후보 경선 때를 언급했다. 김영삼, 김대중, 이철승 등 '40대 기수' 3인 간의 승부였다.

"내가 결선 투표에서 김대중이한테 졌지만 그 사람 손잡고 전국 유세 다녔어요. 그런데 오늘날 어떻게 됐습니까. 결국 내가 대통령이 되지 않았습니까."

'언젠가 당신의 시대가 올 것'이란 위로였다. 그러나 이명박은 "대통령의 말은 깊은 위로가 되지 못했다"고 훗날 회고했다.

정원식은 이명박을 선거대책본부 기획본부장에 임명했다. 선거를 실무적으로 총괄 지휘하는 자리였다. 그렇지만 이명박은 이미 이길 수 있는 선거가 아니라고 봤다. 김영삼 정부의 계속된 실정에 수도권 민심은 진작부터 이반된 상태였다.

그래서였는지 자기 선거처럼 앞장서 돕는 표정은 아니었다. 선거 막판 정원식은 "러닝메이트가 돼달라"며 서울시 정무부시장직을 제안했다. 조순의 경우, 이미 이해찬 의원에게 정무부시장을 주기로 약속해놓고 선거 총괄을 맡긴 상태였다. 이명박은 총선 출마를 이유로 거절했다. 대신 시장 직속 시정위원회 위원장직을 맡기로 했다. 정원식의 승리 가능성을 높게 보지 않았지만 혹여 당선되더라도 의원직을 유지한 채 겸직할 수 있다는 이점에서였다.

공식 선거운동이 시작되자 이명박도 서울 곳곳을 다니며 유세 지원에 나섰다. 정원식도 젊은 유권자들을 공략하기 위해 '이명박 띄우기'를 아끼지 않았다. 하지만 분위기는 좀처럼 살아나지 않았다. 김영삼 정부에 대한 서울시민들의 반감은 생각 이상으로 강했다.

투표함이 개봉됐다. 기적은 없었다. 여론조사와 크게 다르지 않았다. 집권 여당의 굴욕적인 패배였다. 정원식은 20.67퍼센트를 득표했다. 3등이었다. 경선까지 치른 집권 여당 후보의 득표가 그런 수준이었다. 무소속 박찬종 후보가 33.6퍼센트를 득표해 2등을 차지했다.

이명박은 후일 6·27 서울시장 선거가 갖는 역사적 의미를 이렇게 진단했다. "불공정한 서울시장 경선은 조순이 서울시장에 당선되고 그 대세를 몰아 김대중 씨가 1997년 대선에서 당선되는 명분을 만들어주었다"고 했다. 본인이 출마했더라면 "집권 여당이 참패하지 않았을 것이고 한국 정치사도 달라졌을 것"이라고도 했다.

돈이 신앙인 사람

—

1995년 8월 전국에 내린 집중호우로 곳곳에 수해가 발생했다. 특히 충남 지역에 피해가 컸다. 민자당 지도부는 소속 의원들에게 적십자를 통해 수해 성금을 내라고 지침을 내렸다. 그즈음 민자당 종로지구당 사무실에선 회의가 열렸다. 얼마를 낼지를 놓고서였다.

"성동 이세기나 용산 서정화는 얼마나 냈대?"

이명박은 같은 당 서울 지역구 의원들의 상황이 궁금했다.

"제가 조사를 해보니 대략 100만 원선에서 정해지는 것 같습니다. 그런데 다만……."

한 참모가 말끝을 흐렸다.

"다만 뭐? 왜?"

이명박은 생략된 이야기를 듣고 싶었다.

"의원님께서는 기업인 출신이시고 하니까 다른 분들보다

는 조금 더 내시는 게 아무래도 모양새가 좋을 것 같다는 생각
이……."

말이 끝나기도 무섭게 욕설이 튀어나왔다.

"뭐라고 이 새끼야?"

이명박은 회의 테이블에 놓여 있던 재떨이를 잡아 던졌다. 참
모가 간신히 피했기에 망정이지 가만있었더라면 피를 볼 뻔한
상황이었다.

"의원님, 고정하십시오!"

주변 사람들이 달려들어 그를 진정시켰다. 이명박은 벌겋게
달아올랐다.

"이 자식아, 그게 네 돈이야? 어디서 함부로 이 씨……."

비슷한 일은 또 있었다. 김유찬은 《이명박 리포트》에서 이명
박을 7년 넘게 모셨던 운전기사가 하루아침에 쫓겨난 사연을
다음과 같이 소개했다.

하루는 우연치 않게 거리에서 이명박 씨를 모시던 운전기사 이 모
씨를 만나게 됐다. (중략) 그의 눈에는 눈물이 글썽거렸다. "내가
생활이 어려워서 이명박 의원에게 200만 원만 꿔달라고 했어. 전
세금이 올라서 목돈을 갑자기 만들 길이 없었거든. 바로 다음 날
부터 그만 나오라고 하더라고. 그래도 성실하게 7년이나 모셨는
데……."

이명박의 돈 씀씀이에 대한 당시 종로지구당 관계자들의 증언은 한결같다. 가진 것에 비해 터무니없이 안 썼다는 거다. 주종탁은 당시를 이렇게 회상했다.

"당시 이명박 씨가 우리한테 질리도록 했던 말이 '경영 마인드'였습니다. '우리 정치도 경영 마인드를 갖춰야 한다'는 거였죠. 돈 함부로 쓰지 말라는 거였습니다. 그런데 정치가 기업 경영하고 같습니까? 기업은 돈을 아끼는 게 선이지만 정치는 돈을 써야 하는 거거든요."

돈에 대한 이명박의 인색함은 곳곳에서 뒷말을 낳았다. 이런 일도 있었다. 이명박은 1993년 6·3동지회 회장에 추대됐다. 그런 배경에는 그의 재력에 대한 기대감이 있었다. 이어지는 주종탁의 이야기.

"왜 이명박 씨한테 회장직을 맡겼겠습니까? 돈 좀 내라는 거였거든요. 그런데 6·3동지회 행사 때 사람들이 공짜 밥이나 얻어먹자고 왔다가 '회비 내라'는 말 듣고 다들 기겁을 했다고 해요. 있는 놈이 더 하다고 다들 욕했대요."

당시 종로지구당 살림을 맡은 사람은 권영옥 사무국장이었다. 앞서 설명했듯이 그는 이명박과 사돈지간이다. 주종탁에 따르면 권영옥이 이명박과 지구당 간부들 사이에 끼어 마음고생이 심했다고 한다.

"권영옥 국장이 어느 날 저한테 그러더군요. '나도 MB한테는 돈 이야기 절대 안 한다. 정말 꼭 해야 하는 상황이면 매제 김재정을 통해 이야기했다'고. MB는 '감방 갈래? 돈 내놓을래?' 하면 감방 갈 사람이라고도 했어요. 그에게 돈은 신앙이었죠."

이명박 캠프는 지역 새마을금고를 선거에 적극 활용했다. 종로에는 20여 곳의 새마을금고가 있었는데, 그곳에 1,000만 원 정도를 예금해놓고 지역 유지인 금고 이사장을 포섭했다. 거기서 발생하는 이자 수익으로 장학 사업도 벌였다. 문제는 규모였다. 2억여 원의 이자라고 해봤자 대학생 한 학기 등록금에 불과한 금액이었다.

"지역 신문에 '이명박 의원, 종로 지역 불우 학생에 장학금 지급' 이렇게 대대적으로 기사를 싣게 했죠. 이명박 씨가 돈이 많으니까 역시 통이 크구나 하면서 지역에서 반응이 좋았습니다. 그래서 돈을 좀 더 보태서 학생 여럿한테 장학금 주자고 제안했죠. 어림도 없더라고요. 대학생이었나? 아무튼 이자로만 학생 딱 한 명한테 주고 말았습니다."

하지만 그런 이명박도 흔쾌히 돈을 썼던 곳이 있었다. 정치부 기자 관리였다. 기자 관리는 지구당이 아닌 국회 보좌진 몫이었는데, 김유찬이 담당했다. 그는 종로 선거가 본격화되기 시작한 1995년 말부터 집중적으로 관리에 들어갔다고 했다. "밤이면 주지육림에 빠져 친이명박계 기자들을 위한 거나한 술판을 벌여야 했다"고 했다.

"대략 한 달에 4,000만 원 정도가 들었을 겁니다. 1차는 식사 대접, 2차는 룸살롱, 3차는 뭐……. 그렇게 풀 서비스를 제공하고 집에 오면 파김치가 됐어요. 물론 모든 게 이명박 씨의 지시 혹은 묵인 하에 이뤄졌던 거죠."

이젠 종로로

—

이명박은 서울시장 선거가 끝나자 종로로 돌아왔다. 그는 민자당 서울 종로지구당 위원장이었다. 종로를 맡은 건 1992년 10월부터였다. 그때만 해도 종로는 지구당 위원장이 없는 '사고 지구당'이었다. 민정·민자당을 거치며 종로에서만 내리 4선을 했던 이종찬 의원이 민자당 대통령 경선에서 김영삼에 패한 뒤 탈당했기 때문이었다.

당 총재 노태우는 '정치 1번지'라는 상징성을 감안해 국무총리를 지낸 노재봉을 낙점했다. 하지만 김영삼은 그런 대통령의 결정을 무시했다. 이미 권력의 무게 추는 미래 권력 쪽으로 기울어져 있었다. 김영삼은 이명박을 종로에 배치했다. 현대그룹 본사 사옥이 종로구 계동에 있다는 '연고'를 고려했다는 분석이었다. 전국구 초선을 종로에 배치한 건 엄청난 파격이었다. 정주영을 견제하기 위해선 이명박에게 그만한 대우를 해줘야 했다.

그러나 말이 좋아 정치 1번지였지 그곳은 허허벌판이었다. 민자당 조직은 텅 비어 있었다. 이종찬이 탈당하면서 10여 년간 구축해놓은 조직을 모두 갖고 가버렸다. 이명박은 처음부터 다시 시작해야 할 판이었다. 그때만 해도 주변 참모들은 대부분 현대건설 출신들이었다. 정치도, 지역 정치도 알지 못했다. 사람부터 뽑아야 했다.

이종찬은 이명박을 적수로 생각하지 않았다. 딱 봐도 지역에 큰 애착이 없어 보였다. 이명박은 종로에 살지 않았다. 논현동 집에 살면서 일이 있을 때만 종로에 모습을 내비쳤다. 이명박 참모들 역시 종로구민이 아닌 경우가 많았다. 지역에선 자연스레 "이명박은 어차피 선거가 끝나면 종로를 떠날 사람", "종로에 살지도 않으면서 무슨 종로 발전에 관심이 있겠느냐", "참모들도 종로 사람들이 아니다"는 이야기가 돌았다.

서울시장 경선에 나설 때만 해도 그런 소문을 크게 신경 쓰지 않았다. 하지만 총선 준비에 본격 돌입하면서부터는 이야기가 달랐다. 1995년 10월 중순의 어느 날이었다. 그는 서초동 영포

빌딩에 참모들을 모아놓고 대책 회의를 주재했다.

"여러분들, 오늘부터 가능한 한 빨리 종로로 이사를 오도록 해. 돈이 없으면 전세 자금을 지원하든지 그렇게 하지."

이명박은 그 말이 있은 직후 평창동에 고급 빌라를 구해 이사했다. 그는 부자였다. 그래서 가능했다. 문제는 다른 사람들이었다. 그들은 부자가 아니었다. 이명박을 잘 아는 참모들은 이런저런 핑계를 대면서 끝까지 버텼다. 일부 '순진한' 참모들은 "전세 비용을 보전해주겠다"는 말을 믿고 급하게 집을 구해 종로로 이사했다가 낭패를 봤다.

서울시장 경선 패배 후유증을 어느 정도 추슬러가던 10월 말, 이명박에겐 다시 한 번 위기가 찾아왔다. '노태우 비자금' 사건이었다. 현대건설 회장이던 이명박이 석유비축기지 공사 수주와 관련해 당시 석유개발공사 사장을 통해 노태우에게 8억 1300만 원을 제공한 사실이 검찰 수사 과정에서 드러났던 거다.

대강의 내용은 이렇다. 1991년 6월 현대건설은 석유개발공사에서 발주한 여천 석유비축기지 공사를 646억 원에 따냈다. 현대건설이 써낸 낙찰가는 공사 예정 금액의 94.2퍼센트였다. 대부분의 국책 공사가 예정 금액의 80퍼센트 안팎 수준에서 낙찰되던 관행을 감안하면 94퍼센트가 넘는 공사 금액을 써냈다는 것은 사실상 예정가를 알고 써낸 거라는 짐작이 가능했다.

검찰은 현대건설 관계자를 불러 조사했다. 이명박 의원도 비공개로 불렀다. 검찰의 짐작은 맞았다. 이명박이 돈을 건넨 사실을 확인했다. 하지만 그는 검찰 기소 대상이었던 35명 기업인 명단에 들어가지 않았다. 검찰은 무혐의 처리했다. 당시 대검 중앙수사본부장 안강민은 "관례였다"고 말했다(안강민은 2007년 한나라당 대선 경선 당시 당 국민검증위원회 위원장으로 이명박을 '검증'했다). 《연합뉴스》 12월 8일 기사에 그의 설명이 실려 있다.

이명박 의원은 노태우 씨를 기소하기 한참 전에 뇌물을 준 경위를 조사했지요. 당시 석유개발공사 유각종 사장이 공사에 참여한 8~9개 업체 대표들에게 정확히 공사 대금의 2퍼센트씩을 내라고 해 관례에 따라, 어찌 보면 강제적으로 거둬들인 측면이 있어 무혐의 처리한 것입니다.

이 사건은 종로 총선에서 노무현에 의해 다시 한 번 언급된다. 하지만 크게 주목을 끌지 못했다. 여의도에선 "정권 차원의 배려가 아니고선 있을 수 없는 일"이란 말이 돌았다. 당시 청와대는 이명박을 쉽게 포기할 수 없었다. '정주영 사냥개'로서 용도는 끝났지만 김영삼에겐 '배신자 이종찬'을 잡아줄 사람이 필요했다.

1996년 새해가 밝고 당이 총선 체제로 전환되면서 이회창, 박찬종 등 거물급 인사들이 줄줄이 신한국당 입당을 선언했다. 당시 여의도 주변에선 "박찬종이 종로에 배치될 것"이란 소문이 잠깐 돌기도 했는데, 이명박은 "나는 여기 있는 직장(현대건설)을 27년간 다닌 연고가 있어 나서는 것이지만, 종로가 어떤 곳인데 아무 연고도 없이 함부로 들어오느냐"고 반발하기도 했다. 결국 박찬종은 전국구 당선 안정권 순번을 받았다. 이명박은 1996년 2월 1일자로 서울 종로 공천 대상자로 확정됐다.

3부

종로에서 만나다

정치 1번지

—

종로는 대한민국 수도 서울의 중심이다. 지정학적으로도 그렇고 핵심 권력기관이 밀집해 있어서이기도 하다. 청와대와 정부 서울청사가 있다. 최고 권력을 꿈꿨던 정치 거물들이 앞다퉈 종로를 찾았던 건 그런 상징성을 손에 넣기 위해서였다.

종로는 숱한 거물들을 낳았다. 윤보선, 노무현, 이명박 등 3명의 대통령이 나왔다. 동서고금을 막론하고 한 지역구에서 대통령 세 명을 배출한 경우는 없다. 대통령이 될 만한 사람들이 종로에 왔던 것인지, 종로가 필부들을 대통령으로 만든 건지는 알 수 없다.

요즘은 분위기가 달라졌지만 몇 해 전만 해도 종로는 전국 흥행을 위한 경연장이었다. 달랑 지역구 1곳이지만 전체 판세에 영향을 줬다. 때문에 군소 정당도 종로만큼은 신경을 썼다. 후보들 중에 토박이보다는 외지 출신들이 많았던 건 정당마다 '기획상품'을 내놨기 때문이다. 1985년 2·12 총선 때 '이민우 돌풍'

이 대표적이었다.

1985년 12대 총선은 전두환 정권의 임기 마지막을 관리하는 선거였다. 전두환은 그해 연두 기자회견에서 '체육관 선거'를 통해 후임자에게 평화적인 정권 이양을 하겠다고 약속했다. 독재의 연장이었다. 집권 여당 민정당 독주 속에 민주한국당, 한국국민당 같은 관제 야당은 직선제 개헌을 요구하며 맞섰지만 힘이 달렸다.

그런데 1984년 연말부터 정치 활동 규제에서 벗어난 정치인들, 특히 민주화추진협의회 소속 인사들의 창당 움직임이 본격화됐다. 그들은 총선을 20여 일 앞둔 1985년 1월 18일 신민당을 창당했다. 신민당은 대통령 직선제 개헌을 약속했다. 다른 관제 야당과 다를 게 없었다. 하지만 국민들은 열광했다. 신민당 뒤에는 김대중과 김영삼이 있었다.

문제는 김대중과 김영삼이 직접 선거에 나설 수 없다는 거였다. 여전히 두 사람은 규제에 묶여 있었다. 대리인을 앞세워야 했다. 신민당은 '노老정객' 이민우를 총재로 선출했다. 하지만 양김 씨에 비해 중량감이 떨어졌다. 기폭제가 필요했다. 양김 씨는 그를 종로·중구 선거구에 내보내기로 했다.

이민우는 양김 씨의 '처분'을 전해 듣고 반발했다. 낙선할 게 뻔해서였다. 이미 종로·중구는 민정당 이종찬, 민한당 정대철이 양강 체제를 구축해놓고 있었다(12대 총선까지는 중선거구제였다. 전국 92개 지역구에서 1, 2위 득표자 184명을 뽑는 방식이었다).

김영삼은 이민우를 만났다. 둘은 술잔을 앞에 놓고 두 시간 동안 담판을 벌였다.

　"김 총재, 이럴 수 있소? 나를 나무에 올려놓고 흔들어서 병신 만들겠다는 거 아니오?"

　"이 총재께서 나라를 구하는 차원에서 투쟁하고 계신다면 두려움이 없어야 할 게 아닙니까. 종로·중구 출마야말로 구국을 위하는 길입니다."

　김영삼의 간절한 설득에 이민우는 결국 출마를 승낙했다. 민정당은 쾌재를 불렀다. 이민우가 선전할수록 야권 표만 쪼개질 게 분명했다. 이종찬의 압도적 1위가 눈에 보였다. 하지만 이는 완벽한 오판이었다.

　'이민우 돌풍' 조짐은 2월 1일 창신초등학교에서 열린 첫 합동 연설회에서부터 감지됐다. 1만 5,000여 명의 청중이 물밀듯 밀려왔다. 규모와 열기로 봐서 돈 주고 데려온 청중이 아니었다. 첫 연사가 연설을 시작한 지 15분쯤 지나서였을까. 교문 부근에서 갑자기 와 하는 함성 소리가 들렸다. 연설회장에 막 도착한 이민우가 보였다.

　"이민우! 이민우! 이민우!"

　현장에 모인 청중들은 이민우에게만 반응했다. 유세라기보다는 일종의 종교 단체 부흥회 같은 분위기였다. 순식간에 불어난 청중들로 동대문과 종로 일대의 교통이 마비됐다. 봇물이 터지자 합동 연설회가 거듭될수록 그 기세가 더욱 하늘을 찔렀다. 마지막 합동 유세가 벌어진 2월 6일 현대인력개발원 운동장에는 10만 인파가 몰렸다. 운동장에 미처 들어오지 못한 사람들은 신문로 도로에까지 진을 쳤다.

이 같은 종로·중구의 열기는 삽시간에 전국으로 퍼졌다. 이틀 뒤인 2월 8일 김대중이 미국에서 망명 생활을 마치고 귀국한 건 화룡점정이었다.

2월 12일 총선이 치러지고 투표함이 열렸다. 민정당이 148석 (지역구 87, 전국구 61), 신민당 67석(50, 17), 민한당 34석(25, 9), 한국국민당 20석(15, 5) 순이었다. 창당한 지 25일째인 신당이 제1야당이 됐다. 불공정한 선거제도 탓에 민정당이 1당 지위를 유지했지만, 득표율로 보면 민정당은 35.2퍼센트로, 신민당·민한당 두 야당의 득표율(49.0퍼센트)이 집권 여당보다 14퍼센트포인트 가까이 앞섰다. 민정당의 패배였다. 총선에서 야당 득표율이 여당을 앞선 건 사상 처음이었다.

종로의 절대 강자

—

서울 종로·중구에서 신민당 돌풍을 주도했던 이민우였지만, 그런 그도 2등이었다. 1등은 이종찬이었다. 새벽까지 이어진 시소 게임 끝에 이민우를 눌렀다. 이종찬은 그만큼 지역의 절대 강자였다.

1980년대 이후 종로는 이종찬 천하였다. 1981년 민정당 창당을 주도하면서 정계 입문한 뒤 11~14대까지 내리 4선을 달렸다. 그러면서 당 원내총무, 사무총장, 정책위 의장 등 당 3역과 정무장관 등 요직을 거쳤다. 특히 1988년 13대 총선 이후부터는 '포스트 노태우'를 자처할 만큼 잘나갔다.

　　그런데 고비가 찾아왔다. 1992년 민자당 대선 후보 경선을 앞두고서였다. 김영삼과 맞섰던 게 화근이었다. 이종찬은 "YS가 대통령이 됐다간 나라가 거덜나겠다"고 생각했다. 본인이 민정계 대표로 경선에 나가기로 결심했다. 어떻게 해서든 김영삼의 대권 가도를 막을 생각이었다.

　　하지만 경선이 불공정하게 진행됐다. '중립'을 약속했던 대통령 노태우는 노골적으로 김영삼을 밀었다. 안기부까지 동원해 이종찬 주변 사람들을 하나씩 정리했다. 노태우는 경선이 아닌 김영삼 추대식을 열어줄 생각이었다. 이종찬은 김영삼을 위한 불쏘시개가 돼줄 생각이 추호도 없었다. 결국 경선을 이틀 앞둔 5월 17일, 경선 거부를 선언했다.

　　노태우와 김영삼은 눈 하나 깜짝하지 않았다. 5월 19일 서울 잠실 올림픽체조경기장에선 이종찬의 불참 속에 '궐석 경선'이 진행됐다. 김영삼은 대의원 투표에서 66.3퍼센트를 얻어 33.2퍼센트에 그친 이종찬을 가볍게 눌렀다. 이종찬은 결국 그해 8월 17일 민자당 탈당을 선언하고, '반反김영삼' 전선에 앞장섰다. 그해 대선에선 정주영을 지지했고 이후 김대중 품에 안기면서 '야당 정치인'이 됐다. 앞선 네 번의 선거에서 여당 후보였던 그는, 이제 야당 후보로 다섯 번째 도전에 나설 참이었다. 이종찬은 당시 관권의 횡포가 극심했다고 기억했다.

"그때 정말 서러웠죠. 10여 년을 여당으로 있다가 야당 되니까 당장 지역 행사를 가도 내 자리가 없는 겁니다. 이명박 씨는 맨 앞에 앉아 있고. 축사 같은 걸 하고 싶어도 맨날 이명박 씨만 시키고 말이야. 나는 지역구 의원이고 그 사람은 전국구였는데도 그랬어요."

개인 유세도 제대로 할 수 없을 지경이었다고 했다. 청와대의 입김이 아니고선 불가능한 일이었다고 했다.

"유세를 해도 현장에 사람이 없는 거예요. 왜? 나랑 가까웠던 지역 유지들한테 기관 사람들이 전화해서 겁을 주니까 다들 꽁무니를 빼는 겁니다. 청와대에서 그 정도로 나를 못 잡아먹어서 안달이었어요."

하지만 정작 이종찬의 발목을 잡은 건 김영삼도 관권도 아닌, 노무현이었다. 이종찬은 노무현의 종로 출마 소식을 듣고 쉽지 않은 선거가 되겠구나 싶었다고 했다.

"노무현 씨 출마하기 전에는 내 지지율이 30퍼센트, 이명박 씨가

20퍼센트 정도였어요. 그런데 노무현 씨가 오자마자 내 지지율이 죽 빠지는 겁니다. 아찔했지요."

때문에 당시 종로에선 흉흉한 소문도 돌았다고 한다. 노무현의 갑작스런 종로 출마 배경에는 이명박의 공작이 있을 거라는 이야기였다. 이종찬도 그런 소문을 들었다고 했다.

"한 선배 국회의원이 와서 진지하게 그럽디다. '이명박이라는 놈이 장사치라서 분명 노무현을 매수했을 것'이라고. 하하. 난 믿지 않았죠. 물론 이명박 씨는 그럴 수 있다고 봤지만 노무현 씨는 그럴 사람이 아니었으니까."

빅 3
—

1996년 1월 초순까지만 해도 서울 종로는 국민회의 이종찬 아니면 신한국당 이명박이었다. 이종찬이 승리하면 종로에서만 내리 5선, 이명박이 승리하면 16년 만에 지역 정권 교체였다. 누가 당선되든 종로 선거사의 신기원은 예약된 상태였다.

이종찬은 승리가 간절했다. '종로 5선'은 전인미답이었다. '포스트 김대중'에 도전할 발판이 자연스럽게 마련될 터였다. 김대중 휘하로 들어온 이후 '신주류'로 급부상하면서 동교동 가신들의 견제가 이만저만이 아니었다. 그걸 뚫기 위해서라도 꼭 생환해야 했다. 걱정인 건 야당으로 말을 갈아탄 뒤 처음 치르는 선거라는 점이었다. 종로 사람들이 그동안 이종찬이라서 뽑았는지, 아니면 여당 후보여서 뽑았는지는 그 역시도 확신할 수 없었다.

하지만 구도는 더 좋아진 측면도 있었다. 종로에서 김대중의 득표력은 확실했다. 1987년, 1992년 대선에서 부동의 1위였다. 연거푸 35퍼센트 득표를 했다. 호남인 중심의 5만여 고정표가 있었다. 여기에 '이종찬 고정표'만 합치면 '35퍼센트 플러스 알파'는 당연하다고 봤다.

이명박도 승리가 간절했다. 서울시장 재도전을 위해서였다. 정치 1번지이자 서울 1번지 종로의 주인이 되면 그럴 명분은 충분했다. 더욱이 이종찬 같은 야당 거물을 꺾으면 체급도 몇 계단 뛰어오를 게 자명했다. 다행인 건 서울시장 경선 과정에서 보여준 패기는 이제는 그를 전국구 초선으로 얕잡아보지 않게 했다는 점이었다.

하지만 양강 구도는 필패였다. 어떤 경우에도 야권은 1만 표가 더 많았다. 민주당이든 무소속이든 야권 표를 갈라칠 수 있는 유력한 제3후보가 나와야 했다. 물론 그래도 승리가 보장되는 건 아니었다. 1987년, 1992년 대선에서 공화당 김종필, 통일국민당 정주영이라는 제3후보가 나왔지만 종로 승자는 김대중이었다. 이명박은 여당 고정표, 강한 제3후보에 개인 득표력까지 삼박자가 고루 맞아야만 승리를 거머쥘 수 있었다. 첩첩산중이었다.

　바로 그때 노무현이 종로에 들어왔다. 노무현은 종로에 아무 연고가 없었다. 현역도 아니었다. 당 조직은 전무했다. 그렇다고 김영삼, 김대중 인기에 올라탈 수 있는 처지도 아니었다. 그는 '3김 청산'을 내걸고 있었다. 그저 전국적인 인지도, 개혁성을 앞세울 뿐이었다.

　그래서였는지 이종찬은 노무현을 크게 신경 쓰는 눈치가 아니었다. 노무현의 출마 선언이 있은 직후 언론 인터뷰에서 "큰 변수가 될 수는 없을 것"이라면서 "이왕이면 신한국당 입당을 선언한 박찬종 씨가 종로로 와서 더 큰 판을 벌였으면 좋겠다"고 짐짓 여유를 부렸다.

　이종찬의 시선은 오로지 청와대에 가 있었다. 4·11 총선을 김영삼과의 마지막 승부로 이해했다. 그는 《동아일보》 1996년 1월 27일자 인터뷰에서 "과거 총선에서 이민우, 김명윤 씨 등 측근들을 내보내 '대리전'을 벌였고 지난 92년 민자당 대통령 경선에서는 나와 직접 맞붙었던 김영삼 대통령이 이번에는 나를 타도 1순위 목표로 삼고 있다"고 했다.

　하지만 이명박은 달랐다. 노무현의 종로 출마 소식이 전해졌을 때 그의 첫마디는 "이제 이겼다!"였다고 한다. 당시 관계자들의 설명을 종합하면, 이명박은 민주당이 종로에 후보를 내지 않거나 내더라도 약체 후보를 내지 않을까 고심했다고 한다. 분당 과정에서 국민회의와 앙금이 쌓이긴 했지만 기본적으로 '한 뿌리'였기 때문에 안심을 못했다는 거다. 주종탁의 설명이다.

"노무현 씨가 당선될 상황은 아니었지만 이종찬 씨 표를 잠식하기 엔 충분한 경쟁력이 있다고 봤습니다. 이명박 씨는 막판까지도 노무현 씨가 후보 사퇴를 하면서 이종찬 씨에게 몰아주기를 하지 않을까를 가장 염려했어요. 어쨌든 노무현 씨의 출마 소식에 가장 기뻐한 건 MB였죠."

〈MBC 뉴스데스크〉는 1월 28일 '15대 총선 격전지 르포' 첫 번째 지역으로 종로 편을 방송했다. 리포트에는 이종찬, 이명박, 노무현이 지역을 돌며 유권자들을 만나는 모습과 지역 주민들의 인터뷰가 담겼다.

기자 : 이종찬 의원은 당적을 바꾼 게 부담이지만 자신의 개인 지지층과 국민회의의 고정표를 함께 끌어온다면 승산이 충분하다고 내다보고 있습니다.

이종찬 의원 : 결국은 책임 있는 야당, 책임질 수 있는 야당에게 표를 주는 것이 유권자들의 공통된 심리라고 생각합니다.

기자 : 이명박 의원은 지역구 선거가 처음이라는 약점을 새로운 정치 대 낡은 정치의 대결 구도로 몰고 가서 승기를 잡겠다는 복안입니다.

이명박 의원 : 정치를 처음 시작한다고 해도 과언이 아니죠. 그렇기

때문에 새로운 정치, 참신하다는 것, 이런 것들로 유권자들에게 호소를 할까 이렇게 생각하고 있습니다.

기자 : 민주당 노무현 전 의원은 3김 청산을 구호로 처음으로 중앙 무대에 도전했습니다. 노무현 전 의원은 이곳에 가장 늦게 뛰어들고 지역적 연고가 적다는 불리함을 개인적 돌파력과 특유의 부담 없는 접근으로 표를 모으겠다는 전략입니다.

노무현 전 의원 : 대의명분을 택해서 정치를 해왔다는 것, 아마 그것이 제일의 무기이고 그 다음에 진실, 저는 정치적 가능성을 가지고 있는 사람이다……

기자 : 이 같은 팽팽한 삼각 구도에 자민련은 탤런트 김을동 씨를 공천했습니다.

노무현이 선거전에 뛰어들자마자 각 언론사는 여론조사 기관에 의뢰해 종로 판세를 분석했다. 《주간조선》이 리서치앤리서치에 의뢰해 1월 20일 실시한 여론조사 결과, 놀랍게도 이명박이 23.1퍼센트로 1위를 달렸다. 그 뒤를 이종찬(18.6퍼센트), 노무현(18.3퍼센트)이 바짝 쫓고 있었다. 이 여론조사의 표본 오차는 ±4.38퍼센트였다. 3인의 오차 범위 내 접전 구도였다.

당시 선거를 책임졌던 이광재는 "여론조사를 돌려보니 생각보다 많이 뒤지진 않았다"며 "근소한 3등이었고, 이 정도면 충분히 도전할 만하다 싶었다"고 했다.

연령별·지역별·직업별 분포를 보면 후보 간 장단점이 뚜렷하게 보였다. 20~30대에선 노무현이, 40대는 이종찬, 50대 이상은 이명박이 우세했다. 출신 지역별로 보면 이종찬은 호남 출신들에게 31.8퍼센트의 지지를 획득, 이명박(12.3퍼센트), 노무현(19.3퍼센트)을 앞질렀다. 중부권(수도권·충청) 출신들은 이명박을, 부산·경남 출신들은 노무현을 많이 지지했다. 또 자영업자와 화이트칼라는 이명박을, 학생층은 노무현을 선호했다.

닷새 뒤인 1월 25일《한겨레》여론조사팀이 종로 지역 성인 남녀 400명을 대상으로 진행한 여론조사 결과는 더 충격적이었다. 노무현이 지지율 20.7퍼센트로 2위에 올랐던 거다. 이명박은 28.3퍼센트로 오차 범위(±4.7퍼센트)를 벗어난 1위였고 이종찬은 충격적인 3위(17.4퍼센트)였다.

이명박과 노무현의 선전은 개인기 덕분이었다. 신한국당(19.7퍼센트), 민주당(7.0퍼센트) 지지율보다 각각 8.6, 13.7퍼센트포인트 높았다. 반대로 이종찬은 국민회의 지지율(18.5퍼센트)보다도 낮았다.

두 여론조사가 대변하는 건 분명해 보였다. '이종찬 피로감'이었다. 직전 14대 총선에서 이종찬이 얻은 득표는 35.5퍼센트였다. 사실상 반 토막이 난 셈이다. 그렇게 떨어져나간 지지는 "이명박과 노무현에게 골고루 나뉘었다"고 신문은 분석했다.

문제는 부동층이었다. 리서치앤리서치 조사에선 34.3퍼센트, 《한겨레》조사에선 무려 51.3퍼센트였다. 이들의 선택 여하에 따라 3등이 1등이 될 수도, 1등이 3등이 될 수도 있는 노릇이었다. 어쨌든 결론은 시계 제로였다. 종로 선거 판은 이종찬, 이명박, 노무현의 삼파전으로 시작됐다.

종로 입성

—

노무현에게 처음 "종로로 가자"고 한 건 이광재였다. 아무 곳이나 가자고 할 수 없어서였다. 꼭 종로여야만 하는 이유가 있었다.

"교수가 1,000명 넘게 살고 있고, 100대 기업 CEO 중에 20여 명이 살고 있던 곳이 종로였습니다. 우리끼리 '여긴 진짜 1번지다! 길게 보고 이곳에 투자하자'고 했죠. 마침 종로에 민주당 후보도 없었고요. 하지만 노무현 의원은 쉽게 결정 못했습니다. 하는 수 없이 여론조사를 돌려봤죠."

별 차이가 없었다. 비슷한 지점에 세 후보가 뭉쳐 있었다. 반등할 여지가 충분하다고 봤다. 집권당 서울시장 후보보다 무소속 박찬종에게 더 많은 표를 몰아줬던 곳이 서울이었다.

"노 의원이 여론조사를 보더니 굉장히 빨리 결정하더라고요. 한 이틀 만이었나? '가자, 종로로!' 하하."

베이스캠프를 마련해야 했다. 민주당은 종로에 지구당 사무실도 없었다. 노무현은 2월 4일 종로1가 47번지 보신빌딩 4층에 사무실을 계약했다. 종각사거리 제일은행 본점 옆 건물이었다. 종로의 심장부였다. 하지만 건물이 무척 낡아 임대료는 비싸지 않았다. 급한 대로 10평짜리 좁디좁은 공간을 마련했다. 일반 사무용 책상을 넣으면 사람이 앉을 틈이 없었다. 중고생 보습학원에서 쓰던 책걸상을 갖다놓고 서로 쭈그려 앉아 일했다. 이건 선거사무소가 아니었다.

노무현은 그즈음 서울에 살고 있었다. 하지만 집은 종로가 아닌 여의도에 있었다. 급하게 집을 구할 정신도, 이사를 할 정신도 없었다. 일단 선거운동부터 시작했다. 무작정 종로 한복판에 나갔다. 어떻게든 인연을 찾고, 끈을 잡아야 했다.《중앙일보》1996년 2월 18일자에 그런 절박함이 소개된다.

'부산 4더 4694' 16일 낮 부산 번호판의 프린스 승용차가 서울 종로통을 부지런히 헤집고 다닌다. 주민등록조차 채 옮기지 못한 민주당 노무현 전 의원의 차다.

"나 좀 도와주소."

첫 번째 방문한 청계피복노조 사무실. 노 전 의원은 솔직히 지원을 호소한다. 만나볼 종로 지역 노조 대표자의 명단을 건네받기로 한다. 연고, 조직이 없는 그의 공략 대상은 우선 종로 지역에 밀집한 재야 단체와 노조 정도일 수밖에 없다.

"이명박이 현대노동자를 탄압했다면 나는 울산에서 노동자와 싸웠던 사람이오." 노동운동 경력을 앞세운 그는 "내가 종로에서 당선되면 진보적 개혁을 원하는 대중의 승리"라고 마무리한다.

"이런 데서 차 타고 다니면 표 까먹지."

창신동 좁은 골목길에서 차를 내린 그는 드문드문 알아보는 젊은 이들과 악수를 나눈다. 구멍가게에서 만난 호남 말투의 40대 중년은 "이종찬이 삐딱하긴 한데 그래도 괜찮을 거요"라고 말하다 "그래도 노무현이가 나오면 될 거요"라고 말을 얼른 돌린다.

"허삼수와 싸운 내가 이번엔 이종찬과 싸웁니다. 80년대엔 허삼수나 이종찬이나 똑같은 5공 인물이었잖아요. YS 안 따라갔다고 떨어졌는데 이번에는 DJ 안 따라갔다고 또 떨어뜨릴 겁니까?"

노무현은 그날 저녁 7시, 귀한 만남을 가졌다. 와룡동 한복 골목에서 종로 지역 신문 배달원들과 조우한 거였다. 1991년 종로 배달원들과 폭력배 사이에 싸움이 붙었을 때 노무현은 그들 편에 서서 도와줬던 적이 있었다. 노무현은 구체적으로 도움을 요청했다.

"여러분은 매일 새벽같이 골목골목 동네를 누비고 다니니까 저한테 특히 도움이 될 것 같습니다. 어려운 부탁은 아닐 것도 같은데……. 선거기간이 시작되면 자필로 편지를 좀 써서 신문 사이에 넣어주세요. 또 배달 가정에 전화도 걸어주시고."

배달원들은 "그게 뭐 대수냐"며 화답했다. 그러면서도 궁금한

점이 있었다.

"의원님, 그런데 동네 사람들 말이 '노무현이가 왜 종로에 나오느냐'고 한마디씩 하더라고요. 이럴 때는 저희가 뭐라고 대꾸해야 합니까."

노무현은 멋쩍은 웃음을 지어보였다.

"바로 그겁니다. 그것 말고는 저를 딱히 공격할 게 없는 거예요. 이번 선거는 누가 더 서민을 위하는지의 싸움일 거라고 생각합니다."

노무현이 신문 배달원들에게 편지 쓰기, 전화 걸기 같은 부탁을 할 수 있었던 건 이른바 '딸배 소송' 때문이었다. 노무현은 1996년 3월《월간 해인》에 칼럼을 쓴 적이 있다. 그는 여기서 인과응보의 오묘한 섭리를 설명하다 종로 조선일보 신문 배달원들과의 인연을 사례로 들었다.

(1989년) 어느 날 의원회관으로 청년 몇 명이 찾아왔다. 전혀 기억이 없는 생면부지의 청년들……, 그 가운데에는 소년이라고 할 수밖에 없는 아주 나이 어린 사람도 있었다. 그들은 자신들이 종로에 '딸배'라고 했다. '딸배'(배달을 거꾸로 읽은 것으로, 비하적 은어다)가 바로 신문 배달을 의미한다는 것도 그때 처음 알았다. 그들이 나를 찾아온 이유는 다음과 같았다.

당시 그들은 아주 열악한 조건에서 배달을 하고 있었는데, 이제 자기들도 권익을 찾아야 한다는 것이었다. (중략)

그들이 내게 말했다. 그냥 자신들이 투쟁하고 있는 현장을 한 번 방문이나 해달라고 했다. 그것만으로도 자기들은 용기를 갖게 된다고 했다.

종로의 한 동네, 다 무너져버릴 것 같은 한옥에서 나이 어린 딸배들이 말 그대로 인권의 사각지대에서 노예 같은 생활을 하고 있음을 쉽게 알 수가 있었다. 전기가 끊기고, 폭력배들이 폭력을 휘두르고, 일곱 명이 해고되는 등……. 막상 그 모습을 보자 내 가슴 저 깊은 곳에서부터 분노가 끓어오르기 시작했다. 이들이 무슨 짓을 했다고 폭력을 동원하는가. 나는 물러설 수가 없었다. 최루탄이 비 오듯이 쏟아지는 속에서 한 발도 물러서지 않던 투지가 되살아났다. 나는 내가 아는 법 지식을 동원해 불법적인 일들을 조목조목 지적했고 말문이 막힌 관리인의 모습을 보면서 딸배들의 얼굴은 한 가닥 희망의 빛이 돌았던 것으로 기억된다.

물론 그다음 날, 그 신문사 기자 한 사람이 의원회관에 나타났다. 기자의 첫 마디는 이랬다. "정치가가 정치나 잘 하면 되지 이런 일에 왜 참견이냐"고. 나도 대답했다. "기자는 기사나 잘 쓰라"고.

그 후 딸배들은 3년이나 재판을 진행했다. 그리고 승리했다. 그 뒤로도 딸배들은 이 사건을 계기로 권익을 찾는 데 더욱 용기를 가질 수 있었고 그 결과로 생활 조건은 향상이 되었다고들 감사해 했다.

의원회관에 나타난 기자는 당시 통일민주당을 출입하던 조선일보 홍 모 기자였다. 그는 "종로지국 일에 개입하지 말라"며 고압적인 말투를 썼다고 한다. 노무현은 물러서지 않았다.

"여보쇼. 당신이 기자라면 기자답게 기사나 쓰쇼. 기자가 이런 일로 은근히 협박이나 하고 말이야."

노무현의 평생을 관통했던, 조선일보와 전쟁이 막 시작되는 순간이었다.

《중앙일보》취재팀은 2월 16일 이명박·이종찬의 일정도 쫓았다. 기자들이 종로구 돈의동 삼호빌딩 7층에 있는 이명박 후보 사무실을 찾았을 때, 마침 그는 참모들과 전략 회의를 하고 있었다. 회의 안건은 지금 막 뽑아낸 자체 여론조사 결과. 자세한 수치는 기사에 소개되지 않고 있지만 이명박은 다른 두 후보들을 따돌리고 1위를 차지한 여론조사를 보고받고 있었다.

"노무현이가 역시 젊은 사람들한테 인기가 많네?"

"그렇습니다. 아무래도 개혁적인 이미지가 강해서 그런지 대학생들을 중심으로 반응이 좀 나오는 것 같습니다."

"우리랑 지지층이 일부 겹칠 수도 있는 것 같은데……. 노 의원이 영남 표를 좀 가져가지 않겠나?"

"2주 전 데이터와 비교해보시면, 의원님 지지율은 큰 변동이 없는 데 반해 이종찬과 노무현 지지율은 한쪽이 오르면 다른 쪽이 빠지고 서로 제로섬 양상이 보입니다. 결국…….”

"이종찬을 지지했던 야권 성향의 젊은 표심이 노무현이한테 간다?"

"바로 그렇습니다. 결론은 어쨌든 이명박, 이종찬 2파전 끝에 우리의 승리라는 겁니다."

회의에서는 이회창 전 총리의 신한국당 입당도 화제에 올랐다.

"이회창 전 총리가 종로구민이라 그런지 확실히 지역에서도 반응이 좋습니다."

"그 양반 집이 구기동에 있지?"

"네네. 당 지지율이 이회창 입당 효과로 3~4퍼센트 정도 상승했습니다."

이명박은 기분 좋게 회의를 마친 뒤 곧바로 창신2동 재개발 지역을 찾았다. 종로구의 대표적인 저소득층 밀집 지역이었다. 호남 인구가 많았다. 야당 절대 강세 지역이란 뜻이었다. 이명박은 동행하는 기자에게 "현대건설의 신화를 썼던 이명박이야말로 진짜 지역 재개발을 이뤄낼 사람"이라고 했다.

이종찬은 그날 특별한 일정이 없었다. 인터뷰는 후보 사무실에서 진행됐다. 그는 '김영삼과의 대결론'을 다시 끄집어냈다. "나와 YS 간의 4라운드 마지막 승부"라고 했다. 김영삼이 이종찬을 떨어뜨리기 위해 종로에 공천했던 이민우(12대), 김명윤(13대)과의 승부가 1, 2라운드였고, 1992년 김영삼과 민자당 대선 경선이 3라운드, 이명박과의 대리전이 4라운드라는 거였다.

"난 지역 유권자들한테 그럽니다. 김영삼 대통령이 잘했다면 이명박이를 찍고, 그렇지 않다고 생각하면 나를 찍어라 말이야."

"저 그러면 노무현 의원은 어떻게 보시는 겁니까?"

이종찬은 잠시 생각을 정리하더니 말문을 열었다.

"노무현이는 야당 표 갉아먹으려고 온 거지. 어떻게 표현을 하면 좋을까?"

그는 제목거리를 고민하는 듯 잠시 뜸을 들였다.

"이거 좋겠군. 신한국당 2중대 지원병."

이종찬은 이종찬 나름대로 '필승 구도'라고 주장했다.

"종로에 호남 표가 30퍼센트입니다. 김대중 총재도 대선 재도전 명분을 얻으려면 수도권에서 승리해야 돼요. 수도권 승리의 핵이 바로 종로 아닙니까. 종로에 있는 호남 사람들, 그거 설명 안 해도 이미 다 알고 있습니다. 거기에 내가 16년간 다져놓은 지지표를 얹기만 하면 이건 뭐……."

빅 3 후보들을 밀착 취재한 《중앙일보》 취재팀의 눈에는 노무현의 도전이 유독 무모해보였던 것 같다. 기사 말미를 노무현의 선거 전망을 듣는 것으로 마무리했다.

"아무래도 이번 선거는 미세한 '계가 바둑'이 될 것 같다는 생각이 드네요. 허허."

계가 바둑, 바둑을 다 두고도 집수를 헤아려 승패를 가려야 할 만큼 초박빙 승부가 될 거란 이야기였다.

첫 만남

—

노무현과 이명박, 두 사람이 처음 만난 것은 언제였을까. 재야 인권 변호사와 대기업 전문 경영인의 인생 항로는 쉽게 접점을 찾을 수 없었다. 기록만 놓고 봤을 때 두 사람이 처음으로 같은 날, 같은 공간에 있었던 건 1991년 10월 7일이다. 그날 서울 하얏트호텔에서는《경향신문》창간 45주년 기념 리셉션이 열렸는데 참석자 명단에 두 사람 이름이 올라와 있다.

하지만 이날 참석 귀빈은 약 3,000여 명. 상당수가 눈도장만 찍고 자리를 떴을 걸 감안하면 두 사람이 조우했을 가능성은 거의 없다. 설령 지근거리에 있었다고 해도 '국회 노동위원회 소속 통일민주당 노무현 의원'과 '현대건설 이명박 회장'이 반갑게 악수를 나눴을 리는 만무하다. 노동운동을 바라보는 인식이 양 극단에 가 있었던 두 사람이었다. 이어 5개월 뒤 노무현은 14대 총선에서 낙선하고 이명박은 당선되면서 그들의 엇갈림은 계속된다.

하지만 두 사람은 서로에 대해 익히 잘 알고 있었을 걸로 짐작된다. 물론 안 좋은 쪽으로. 실제 종로 선거 때도 노무현은 이명박을 '재벌의 졸개'쯤으로 표현했다. 반대로 이명박은 노무현을 '노조 선동꾼'쯤으로 인식했다. 그랬던 데는 사연이 있다.

노무현은 13대 국회 노동위원회 소속 통일민주당 간사였다. 전국 파업 현장에서 도움을 청하면 어디든 달려갔다. 울산 현대중공업은 1988년 12월 12일, 장장 128일 동안 이어지는 총파업에 돌입했는데, 이때도 노무현은 곧장 울산으로 달려갔다. 파업 시작 보름 만인 12월 26일이었다. 현대중공업 대운동장에는 1만 8,000여 명의 조합원들이 운집해 있었다. 노무현은 현대중공업 직원 점퍼를 입고 연단에 올랐다. 그의 손에는 원고도 없었다. 즉흥 연설이었다.

"여러분의 이번 파업은 법률상으론 위법입니다. 그러나 사람을 위해 법이 있는 것이지 법을 위해 사람이 있는 것은 아니잖습니까. 권력 있고 돈 많은 몇 사람만을 위한 법은 법이 아닙니다. 저 산동네 철거민도 대한민국 국민인데 법에 위반됐다고 집을 뜯어버립니다. 노점 상인들을 도로교통법에 걸어 목판을 차버립니다. 이렇게 밥을 못 먹게 하는 법은 법이 아닙니다. (중략) 법은 정당할 때 지키고 정당하지 않을 때에는 지키지 않아야 합니다. 악법은 국민 스스로의 손으로 철폐시켜야 합니다. (중략) 여러분이 이 싸움에서 돈 한 푼 못 받더라도 인간답게 살고 싶은 욕망을 갖고 있다면, 여러분 모두가 배신자가 되지 않겠다는 확고한 결의만 있다면, 10명을 잡아넣으면 100명이 함께 감옥에 넣어주라고, 100명을 잡아가면 1,000명이 가고 그렇게 하면 대한민국 노동자가 달라질 것입니다. 이 파업 기간 동안 아니, 그 이후라도 여러분이 모든 사람에게 존경받고 진정 이 사회의 주인이 되는 그날을 위해 우리 함께 갑시다."

현대중공업 측은 《현중뉴스》라는 사보를 통해 "노무현 의원이 일부 불법 파업 주동 세력을 선동해 노조 분쟁을 획책했다"

고 맹비난했다. 또 사실상 회사에 포섭된 노조위원장은 그를 제3자개입 혐의로 고소하기도 했다.

결정적인 사건은 이듬해인 1989년 1월 8일 새벽에 일어났다. 현대중공업 노조원 23명이 구사대를 자처하는 동료 직원들에게 집단 폭행을 당했던 것. 붙잡힌 구사대 직원들은 "과격 노조원들이 외부 세력과 결탁해 장기 파업을 벌인 데 앙심을 품고 범행을 저질렀다"고 진술했다. 겉으로만 보면 노조 내 갈등에 따른 폭력 사태였다.

하지만 얼마 지나지 않아 회사 측 사주에 의한 계획된 테러였음이 드러났다. 노무현은 곧바로 당 차원의 조사단을 꾸려 단장을 맡았다. 그러고는 이 사건이 "경찰과 현대 수뇌부 간의 합작품"이라고 주장했다. 현대그룹 경영진을 정면으로 겨냥했다. 실제 수사 결과, 현대엔진 전무가 범행을 지시했고 현대건설 부사장이 관련자들과 사후 대책을 논의하는 등 간부들의 개입 정황이 드러났다.

그런데 문제는 당시 현대건설과 현대엔진 회장이 이명박이었다는 사실이다. 당시 정주영은 울산 지역 현대 계열사들의 파업 사태 해결을 위해 이명박 등 핵심 사장단을 울산에 급파했다. 이명박 본인도 《절망이라지만 나는 희망이 보인다》에서 "정주영 회장은 노사 분쟁이 제일 심한 울산의 현대엔진공업주식회사 회장으로 발령을 내고 내려가서 시급히 일을 해결해달라고 요청했다"고 했다. 현대중공업 노조원 폭행 사건에 현대엔진 전무,

현대건설 부사장이 개입했던 것만 봐도 양쪽 회사를 모두 책임지고 있던 이명박은 어떤 식으로든 연루됐을 가능성이 높았다.

당시 노무현 의원실 보좌관이었던 이광재는 "13대 국회 노동위에서 현대중공업 파업 사태는 굉장히 큰 이슈였다"고 했다.

"현대중공업뿐 아니라 현대건설 노조설립추진위원장을 납치해 폭행하는 사건도 있었어요. 하지만 당시만 해도 국회가 기업 대표를 마음대로 오라 가라 할 수 있는 상황이 아니었죠. 때문에 국회에서 이명박 회장과 대면이 이뤄지진 않았습니다."

어쨌든 두 사람의 '기록상' 첫 만남은 1996년 초쯤으로 확인된다. 그해 2월 23일 서울 중구 프레스센터에서 국민대 정치대학원 개원 1주년 리셉션이 열렸는데, 《연합뉴스》는 두 사람의 참석 사실을 소개했다. 이때는 두 사람 모두 종로 국회의원 후보로 확정된 때라 자연스럽게 인사를 주고받았을 걸로 보인다.

혼탁의 계절

―

지난 2월 8일 목요일 아침 7시, 서울 종로구 무악동의 한 도로변입니다. 버스 한 대가 갓길에 주차돼 있습니다. 잠시 후 등산복을 입은 남녀들이 버스 쪽으로 무리를 지어 걸어갑니다. 인솔자로 보이는 한 사람이 버스 입구에서 등산객들을 확인하고 한 명씩 버스에 탑승시킵니다. 여느 산악회의 모습과는 다소 차이가 있어 보입니다. 어떻게 된 영문인지 직접 물었습니다.

기자: 선생님, 지금 어디 가시는 겁니까?
○○○ 산악회 회장: 매월 두 번째 목요일에 산이 좋아서 가는 사람들일 뿐이에요. 정치적인 거랑은 관계가 없어요.

행선지를 물었을 뿐인데 대뜸 "정치 행사가 아니"라고 대답합니다.

기자: 매번 두 번째 목요일이요? 저희는 그렇게 알고 있지 않은데요?
○○○ 산악회 회장: 그건 또 누가 장난 놓는 거야. 우리랑 관계없어. 야당 애들 맨날 하는 소리지 뭐.
기자: 야당 애들 장난이요? 묻지도 않았는데 그게 무슨 말씀이세요.
○○○ 산악회 회장: 아니, 요즘 맨날 그런 소리를 하니까…….

1996년 2월 11일 일요일 밤, MBC 〈시사매거진 2580〉은 나들이객 차림을 한 종로 주민들을 태우고 산과 온천을 향해 떠날 준비를 하는 전세 버스를 추적했다. 향우회, 종친회, 산악회, 동창회 등 모임 성격은 달랐지만 그들을 묶는 구심점은 하나였다. 신한국당 이명박 후보 캠프였다. 그러나 〈시사매거진 2580〉은 전세 버스 운영의 주체가 이명박 후보 측이었다는 사실은 공개하지 않았다.

방송이 나가자 이종찬 후보 측은 즉각 법적 대응에 나섰다. 방송 내용을 근거로 검찰에 선거법 위반으로 고발했다. 하지만 어떻게 된 영문인지 검찰은 이런저런 핑계를 대며 옴짝달싹하지 않았다. 당시만 해도 선거를 앞두고 이런 식의 선심성 관광은 흔한 편이긴 했다. 하지만 텔레비전을 통해 해당 장면이 고스란히 나갔음에도 뒷짐만 지고 있는 건 이해할 수 없는 일이었다. 당시 이명박 후보 측 관계자는 "너무 흔했던 일이라 딱히 기억은 나지 않지만 선심성 관광에 경비 지원을 했던 건 사실"이라고 했다.

"먼저 이명박 후보가 버스에 올라서 주민들한테 인사를 한 바퀴 죽 하고 나서 내립니다. 그러고 나면 후보를 수행했던 관계자가 인솔 책임자한테 봉투를 건네죠. 그런데 뭐 대단히 많은 비용은 아닙니다. 식사비 정도였죠. 모르긴 몰라도 이종찬 후보 측에서도 꽤 썼을 겁니다. 물론 노무현 후보는 돈이 없었으니 아니었겠지만."

1996년 3월 21일이었다. 이명박 부인이 동네 사람들에게 비싼 밥을 사고 있는데 불법 선거운동 아니냐며 경찰서로 신고가 들어왔다. 누군가 선관위에도 신고를 했는지 종로 선관위 직원들이 채증을 위해 카메라를 들고 와 있었다. 현장에는 이명박의 부인 김윤옥이 지역 주민들 30여 명과 함께 점심 식사를 하고 있었다. 김윤옥의 일행으로 보이는 한 중년 여성이 경찰과 선관위 직원들에게 삿대질을 하면서 소리를 질러댔다.

"뭔가 오해를 하시나본데, 우리 동망산 산악회 정기 모임 있는 날이에요. 아니 아무리 선거철이라지만 밥도 못 먹습니까? 무슨 법이 이래요, 이거!"

"아주머니, 신고가 들어왔어요. 이종찬 후보 측에서 고발했습니다."

"아니 뭔 고발? 우리가 뭘 잘못했다고."

"지금 뭐 하는 짓이야?"

일행으로 보이는 여럿이 함께 달려들었다.

"조용하세요! 촬영까지 다했어요. 증거도 있습니다. 일단 서까지 동행해주셔야 합니다."

경찰은 김윤옥과 일행들을 일단 종묘 파출소로 데려갔다. 당시 영상은 남아 있지 않다. 다만 이날 《연합뉴스》 기사에 묘사된 영상 속 김윤옥은 현장에 모여 있던 주부 33명 앞에서 연신 고개를 조아리며 지지를 호소했다.

"저희 남편이 이번 선거 정말 열심히 준비했습니다. 아시겠지만 현대건설 회장을 지내셨잖아요. 지금 종로가 얼마나 낙후돼 있습니까. 현대건설을 동원해서라도 낙후된 종로 발전, 충분히 이뤄낼 수 있습니다. 저희 남편이 당선될 수 있도록 꼭 좀 부탁드립니다."

이어지는 관계자의 증언.

"물론 그것도 기억납니다. 김윤옥 씨가 참 열심히 했죠. 물불 안 가리고. 그런데 그렇게 대단한 일은 아니었어요. 경찰 까짓 거 일도 아니죠. 아마 캠프에서 바로 종로경찰서 서장한테 전화를 했던 걸로 기억합니다. 연행된 지 한두 시간 만에 곧바로 나왔죠."

이명박은 자서전《신화는 없다》를 종로 전 지역에 거의 무차별 살포했다. 얼마나 많이 뿌렸는지 "종로 주민치고 집에《신화는 없다》한 권 없으면 간첩"이란 말이 돌 정도였다. 관내 유명 한정식 식당 등에 거점을 마련해 손님들에게 책을 나눠주도록 했는가 하면 주일예배가 열리는 교회에도 책을 맡겨 성도들에게 배포했다. 급기야 한국양서보급운동본부라는 유령 단체를 만들어 지역 각 기관에 합법적으로 책을 뿌리기도 했다. 캠프 내부에서도 선거법 위반 소지가 농후하다는 반론이 나왔다. 하지만 이명박은 크게 개의치 않았다. 김유찬의 회고.

"참모 회의 때 누군가 '분명 문제가 생길 것'이라면서 제동을 걸었어요. 그랬더니 이명박 씨가 '네가 뭘 안다고 그래? 그냥 시키는 대로나 해'라고 하지 뭡니까. 그런 일이 반복되니까 주변 참모들은 무언가를 건의하고 싶은 마음이 싹 사라졌죠."

《신화는 없다》는 다른 후보 진영에는 큰 골칫거리였다. 실제 그 책을 읽고 나면 누구든 이명박의 팬이 돼버리곤 했다. 책이 버젓이 살포되는 걸 보고 있을 순 없었다. 노무현 후보 측은 어 땠을까. 이기명의 회고다.

"하루는 우리 사무실로 제보가 왔어요. 이명박 후보 측에서 낙원 상가인가 어딘가 있는 창고에《신화는 없다》를 수천 권씩 쌓아놓 고 있다는 거예요. 사무실 식구들하고 바로 달려갔죠. 어떻게 알았 는지 이명박 측 사람들이 그 앞에 진을 치고 우리를 막더라고요. 몇 시간 대치하다 말았어요. 경찰에 신고하면 뭐합니까. 제대로 수 사할 것도 아닌데."

물론 이명박 캠프를 한껏 자극하는 사건도 벌어졌다. 2월 5일 지역신문《종로저널》에 실린 총선 여론조사였다. 이종찬 1위, 노무현 2위, 그리고 이명박이 3위라는 내용의 기사가 1면에 대 문짝만 하게 찍혀 각 가정에 뿌려진 거였다.
"도대체 이게 어떻게 된 거야?"
그날 아침 신한국당 종로지구당은 발칵 뒤집어졌다.《종로저 널》을 쥐어든 이명박의 손은 심하게 떨리고 있었다. 여론조사는 한눈에 봐도 엉망진창이었다. 어디에 의뢰해 조사한 건지도, 개 요도 제대로 밝히지 않은 채 종로 주민 500명에게 물어봤더니 이렇더라는 식이었다. 더군다나 평소 5,000부 정도만 발행되던 신문이 이때만큼은 1만 5,000부가 제작돼 일간지에 끼워져 배 포됐다는 거였다.

"신문사 발행인이 이종찬이하고 초등학교 동창이라고 합니다."

참모들의 보고를 받은 이명박은 배후에 이종찬이 있다고 확신했다. 이명박 캠프보다 경찰이 더 재빠른 대응에 나섰다. 발행인 이 모 씨를 공직선거법 위반으로 입건해 곧바로 구속해버렸다. 수사의 초점은 발행인 이 씨의 배후에 맞춰졌다.

분명 누군가에게 돈을 받고 저지른 일일 거라고 판단한 경찰은 계좌 추적에 돌입했다. 경찰은 이종찬을 의심했다. 잘만 하면 종로 현역 야당 국회의원이자 대통령과 구원이 있는 야당 부총재를 옭아맬 수 있는 절호의 기회였다. 당시 이명박 캠프에서 일한 주종탁의 이야기.

"이명박 씨가 노발대발하면서 고발하라고 해서 경찰서에 갔더니 발행인 이 씨가 이미 잡혀왔더라고요. 순간 우리 지구당 차원의 문제를 넘어선 건가 하는 느낌이 들었습니다. 신한국당 중앙당에서도 '이종찬 커넥션' 의혹을 제기하면서 큰 관심을 보였으니까요."

한 달쯤 뒤인 3월 7일에는 정반대의 상황이 펼쳐졌다. 《종로신문》이란 지역지에서 "지하철 6호선이 당초 경유 구간이 아닌 종로구 창신동을 경유하도록 설계 변경된 것은 신한국당 L 모 의원이 힘을 썼기 때문"이란 기사를 실었던 것. 《종로저널》이 그랬던 것처럼 《종로신문》 역시 조간신문 사이에 간지 형태로 들어가 각 가정에 배달됐다. 이종찬 후보 측도 신문사를 즉각 선거 법위반 혐의로 고발했다.

사실 '지하철 6호선 설계 변경' 기사는 여론조사 조작보다 더 질이 안 좋았다. 사실도 아니었을 뿐더러 남의 공을 이명박이 가로챘던 것이기 때문이다. 당시 서울시청과 서울시 의회는 민주당 천하였다. 신한국당 소속인 이명박의 입김이 끼어들 여지가 없었다. 주종탁은 당시 상황을 정확히 기억하고 있었다.

"종로 출신 민주당 소속의 모 서울시 의원 작품이었습니다. 그 사람이 몇 년간 공을 들여서 설계 변경과 예산 배정을 끌어냈죠. 그런데 설계 변경 사실이 공식 발표되기 직전에 그 '첩보'를 우리가 입수했던 겁니다. 그날 저녁에 바로 '이명박이 설계 변경을 끌어냈다'는 내용의 유인물을 만들어서 조간신문에 끼워 넣었어요. 그 시의원은 정말 황당했겠지만 우리는 정말 재미를 봤습니다."

실제 이명박은 선거 유세 때마다 지하철 6호선 선로 변경 이야기를 빼놓지 않았다. 본인의 현대건설 신화를 띄우기에도 안성맞춤인 소재였다. 그래서였는지 사람들도 당연히 그가 했을 거라고 믿는 눈치였다.

이런 지역신문 공방 과정에서 노무현은 한발 비켜서 있었다. 하지만 그런 그에게도 당혹스러운 사건 하나가 불거졌다. 3월 1일이었다. 민주당은 3·1절을 맞아 종로 탑골공원에서 '독도 수호 및 민족정기 회복 결의 대회'를 열었다. 노무현은 이날 행사 시작 시간에 맞춰 현장에 도착했다. 공원 입구에서 당 지도부를 만나 함께 입장하는 순간이었다. 갑자기 장내가 소란스러워졌다.

"김대중 선생을 따라가지 않은 배신자 새끼들!"

"개새끼들아, 김대중 총재를 욕보이지 마라!"

갑자기 귀를 찢는 확성기 소리가 들리더니 한 무리의 노인들이 나타나 계란을 던지기 시작했다. 일부 노인들은 노무현을 향해 달려들기도 했다. 옆에 있던 청년 당원들이 막아서면서 노무현은 봉변을 피할 수 있었지만 일부 당원들은 적잖은 부상을 입었다. 노무현은 분한 마음을 감추지 못했다. 광주도 부산도 아닌 종로 한복판에서 이런 일이 벌어질 거라고는 생각하지 못했다.

민주당은 이번엔 국민회의를 겨냥했다. 김홍신 대변인은 "치밀하게 계획된 조직적인 행위"라면서 "신원 등 확증은 없지만 구호나 폭언의 내용을 보면 특정인을 지지하는 무뢰배들이라고 판단할 수밖에 없다"고 했다.

공식 선거운동은 시작되지 않았지만 종로는 이미 전쟁터였다. 이명박과 이종찬 진영 간 초반 기세 싸움이 대단했다. 안타깝게도 노무현은 끼어들 틈이 별로 없었다. 두 사람은 현직 국회의원이라는 신분을 이용했다. 의정 보고회를 핑계로 사실상의 사전 선거운동을 벌였다. 특히 자금이 넉넉했던 이명박 측은 가공할 물량 공세를 폈다. 《동아일보》 3월 14일자엔 이명박의 의정 보고회 장면이 소개된다.

신한국당 이명박 의원은 오후 2시와 4시 효자동 동사무소와 명륜동의 한 노인정에서 각각 400여 명 및 200여 명의 청중이 모인 가운데 옥내 의정 보고회를 열었다. 참석자들은 주로 주부와 노인들. 참석자들에게는 빵과 캔 음료가 든 종이 상자를 나눠줬다. 더 받기 위해 떼를 쓰는 주부들도 있었고 받자마자 자리를 뜨는 참석자들도 적지 않았다.

4월 총선은 '전화 유세'의 원년이었다. 각 가정에 전화를 걸어 여론조사를 하거나 민원을 청취하고, 후보를 홍보하는 수단으로 활용됐다. 당연히 공식 선거운동 기간에만 허용됐다. 하지만 많은 후보들은 선거일 이전부터 전화 홍보팀을 운영하면서 선거법을 무력화시켰다. 그건 이명박 캠프 역시 마찬가지였다.

이명박 캠프의 전화 홍보팀은 선거 사무실 8층에 마련됐다. 일반적인 후보 홍보 외에도 여론조사를 빙자해 상대 후보를 깎아내리는 방법을 썼다. 가령 이런 식이었다.

"지역 주민의 숙원 사업 해결을 위해 노력하는 신한국당 이명박 후보를 지지하시면 1번, 중앙 정치 무대만 기웃거리며 지역 살림은 외면하는 국민회의 이종찬 후보를 지지하시면 2번, 철새처럼 지역구를 옮겨 다니는 민주당 노무현 후보를 지지하시면 3번……."

더 교묘한 방법도 썼다. 심야에 일반 가정에 전화를 걸어 이종찬 후보를 칭찬했다. 당연히 주민들은 이종찬 후보 측 소행이라고 생각했고, 다음 날 이 후보 측에 전화해 항의하기 일쑤였다. 이명박 캠프의 전화 홍보팀이 얼마나 대단한 화력을 뿜냈는지는 당시 기사로도 소개됐을 정도다.《연합뉴스》3월 27일 기사의 관련 대목이다.

> 대부분의 후보자들이 26일 후보자 등록과 함께 집집마다 전화를 걸어 한 표를 호소하는 전화 유세를 선호하면서 '음해성 전화'는 더욱 극성을 부릴 것으로 내다봤다. 실제로 신한국당 서울 종로지구당 이명박 의원 측은 전화 홍보 전문가 300여 명을 동원, 본격적인 선거운동이 시작된 26일부터 하루 종일 전화 유세에 들어갔으며……

말본새
—

이명박은 선거를 앞두고 다소 엉뚱한 일로 구설에 올랐다. 말투 때문이었다. 남녀노소, 장소를 가리지 않고 대화 상대에게 반말을 섞어 쓰는 버릇이 있었다. 대통령이 되고서도 그랬다. 카메라가 돌아가는데도 개의치 않았다. 주변 참모들, 심지어 일반 시민들한테까지 반말을 툭툭 던져 입길에 올랐다.

YTN은 2009년 5월 20일 〈돌발영상〉에서 대통령 이명박의 반말을 편집 없이 보여줬다. 같은 날 경기도 안성시 고삼면 대갈

리 농촌 현장을 찾아 모내기 행사를 가졌는데, 모심기가 끝나고 수행원들과 둘러앉아 새참을 막 들려던 참이었다. 이명박이 사람을 찾았다.

"농수산부 장관 어디 갔나?"

"예, 여기 있습니다!"

"농협 회장은 어디 갔어?"

"예, 예, 예."

"이번에 한번 제대로 해갖고 농민들 잘사는 길을 열어줬으면 좋겠어."

이명박은 최원병 농협중앙회 회장을 무릎 꿇린 채 일장 훈시를 했다.

"예, 알겠습니다. 명심하겠습니다."

이명박은 이어 막걸리 병을 집어 들더니 옆에 앉은 중년 여성을 쳐다봤다. 지역 주민이었다.

"자, 아줌마도 한잔해!"

한 달 뒤인 6월 25일 서울 이문동 재래시장을 찾았을 때도 마찬가지였다. 당시 대형 마트 때문에 어려움을 호소하는 상인에게 "내가 젊었을 때 재래시장에서 노점상 할 땐 하소연할 곳도 없었어"라고 했다. 이 역시 〈돌발영상〉에 소개됐다.

이명박을 잘 아는 사람들은 "현대 재직 시절 습관 때문"이라고 설명했다. 초고속 승진을 하다 보니 나이 많은 부하 직원들이 많았고 우습게 보이지 않기 위해 말을 짧게 해서 그게 버릇이 됐다는 거였다. 더군다나 건설 회사 특유의 군대 문화까지 더해져 그에겐 반말이 지극히 일상이었다는 거다.

어떤 이유가 됐든 이명박의 '반말 투' 화법은 종로에서도 논란 거리였다. 한번은 이런 경우도 있었다. 4월 총선을 앞둔 어느 날 신한국당 종로지구당에 큰 행사가 열렸다. 총선 필승을 결의하는 자리였다. 지구당 상임고문, ○○회장님 같은 '백전노장'들이 모였다. 주종탁의 회고다.

"종로에서 잔뼈가 굵은 나이 많은 고문님들한테 '요즘 수고가 많지?' 하면서 어깨를 툭 치고 등을 두드리고 하는 거예요. 그분들 표정, 완전 일그러지죠. 딱 봐도 자기가 나이가 많아 보이는데 그런 식으로 말을 하니……. 주변 참모들이 달래느라 진땀을 뺐습니다. MB한테도 '그 버릇 고쳐야 한다' 몇 번이나 건의를 했는데 잘 안 되더라고요."

반말보다 더 심각한 문제도 있었던 것 같다. 김유찬은 《이명박 리포트》에서 "(이명박은) 너무 막말을 자주 했다. '이봐!, 야!, 너!, 네까짓 거!'라며 남을 깎아내리는 표현을 자주했다. 그리고 자신이 한 막말에 대해 별로 죄책감 같은 것도 느끼지 않는 것 같았다"고 지적했다.

노무현은 달랐다. 대통령 재직 땐 "말이 거칠고 품위가 없다"는 이유로 보수 언론의 집중 공격을 받았지만 주변인들이 기억하는 노무현은 예의 바른 정치인이었다. 그는 나이가 많고 적음에 관계없이 존칭을 썼고 존대했다.

젊은 참모들에게 가끔 말은 놓더라도 이름 뒤엔 항상 '~씨'를 붙였다. 그래서 이광재, 서갑원을 부를 때도 평생 "광재 씨", "갑원 씨"였다. 1992년 노무현 캠프에 합류했던 서갑원은 첫 출근 당일의 기억을 잊지 못한다.

"대통령을 승용차 뒷좌석에 모시고 저는 조수석에 앉았죠. 그랬더니 '갑원 씨, 이리로 와요' 하시는 겁니다. 오란다고 어떻게 가겠습니까. '괜찮습니다' 했더니, '내가 갑원 씨 뒤통수 보면서 어떻게 이야기를 해요? 이리로 와요' 하시면서 당신 옆자리를 손으로 툭툭 치시는 거예요. 솔직히 처음에는 '이 양반 뭐지?' 싶었는데, 내내 그렇게 옆자리에 동승해 모시다 보니 '사람대접을 해주는 사람이구나' 하는 확신을 갖게 됐죠."

노무현의 이런 태도는 예기치 않은 오해도 낳았다. 스스로 노무현과 친하다고 자부했던 사람들에게 거리감을 느끼게 했다. 2002년 대선 막판에 그를 수행했던 임종석은 "가까워진 지 한참 지난 뒤에도 전화를 걸면 '임 의원님, 저 노무현입니다'라고 말씀해 참 어려웠던 기억이 있다"고 했다. 이광재의 회고.

"반말 쓰는 거 굉장히 싫어하셨어요. 반말을 한다는 건 사람과 사

람 간에 계급을 나눈다는 의미로 이해했죠. 기본적으로 그런 걸 못
받아들였어요."

종로에 오고 얼마 지나지 않아서였다. 인사동의 한 대폿집에
서 일행들과 술잔을 기울이고 있었다. 술집 사람들이 그를 알아
봤다. 여기저기서 찰랑이는 술잔이 그를 향해 몰려들었다. 노무
현은 술이 약했다. 하지만 그날만큼은 어지간히 다 받아줬다. 그
때였다.

"노 의원님, 이철이 알죠? 이철이. 둘이 친하지 않나?"

30대 초반쯤으로 돼 보이는 젊은 사내였다. 그는 적당히 취기
가 오른 상태였다.

"이철이요? 혹시 이철 의원님 말씀하시는 건가요?"

노무현의 물음에 그는 고개를 끄덕였다.

"이철이가 말이죠, 우리 친척 중 한 명하고 어렸을 때부터 아
주 친한 친구 사이였대요. 아니 그런데, 국회의원 되더니 말이
야. 연락도 잘 안 되고 목에다 힘……."

"여보세요!"

노무현의 비명 같은 호통이 가게 안에 울렸다. 이철을 아는 체
했던 사내는 눈을 크게 뜨고 그대로 멈췄다. 술을 막 입 안으로
털어 넣으려던 가게 안 사람들도 소리의 진원지를 따라 고개를
돌렸다. 일순간 정적이 흘렀다.

"이철 의원이 당신 친구요? 아무리 술을 먹었어도 말이야, 젊

은 사람이 '이철이, 이철이' 하면서 말씀을 그렇게 함부로 할 수 있어요?"

이기명이 바로 그때, 그 자리에 있었다.

"말도 마요. 그 젊은 사람, 노무현의 호통에 완전히 그냥 벌집이 됐지. 나중에 '의원님, 죄송합니다. 제가 좀 취해서 실수했습니다' 하면서 싹싹 빌더라고. 그 양반은 본인도 무척이나 예의 발랐지만 상대가 싸가지 없는 짓을 할 땐 가차 없었어요. 그게 일반 시민이었더라도."

종교전쟁

—

종로는 한국 불교의 심장부다. 불교 종파 중 가장 큰 조계종이 있고, 사찰인 조계사가 있다. 관내에 크고 작은 사찰이 200여곳이 있다. 종로는 정치 1번지이면서도 '불교 1번지'였다. 물론 그곳 사찰에 다니는 불교도들이 모두 종로 주민은 아니었다. 숫자는 개신교인이 더 많았다. 하지만 '불심'을 외면하고 종로의 주인이 된다는 건 이래저래 불편할 수밖에 없는 일이었다.

총선을 앞두고 여권에 악재가 터졌다. 청와대 발이었다. 충현교회 장로였던 김영삼 대통령이 1996년 1월 21일 국방부 구내 국군중앙교회 예배에 참석했던 게 화근이었다. 김영삼은 이날

교회만 들렀다. 옆에 있는 군 사찰과 천주교 성당은 그냥 지나쳤다. 논란을 키운 건 경호실이었다. 법회를 끝내고 나오는 불교 신자 병사들을 경호상의 이유로 사찰 내에 오랫동안 '감금'했던 거였다.

불교계는 일제히 반발했다. 그러잖아도 정부 출범 때부터 종교 편향을 우려했던 터였다. 주일마다 목사를 청와대로 불러 예배를 본다는 게 불편했다. 대구 도시가스 폭발 사고, 성수대교 참사, 삼풍백화점 붕괴 등 대형 사고가 잇달아 터지자 불교계 내부에선 "청와대에 있는 불상을 '김영삼 장로'가 치워버려 생긴 일"이라는 소문이 돌았다. 물론 낭설이었다.

어쨌든 김영삼의 국군중앙교회 방문 사건은 불심에 불을 질렀다. 실천불교전국승가회 등 6개 단체는 청와대에 항의 서한을 전달하고 "대통령 사과가 없다면 총선에서 여당 후보 낙선 운동을 펴겠다"고 으름장을 놨다.

이명박은 긴장했다. 자칫하면 종로에까지 불똥이 틜 수 있다고 생각했다. 자신도 소망교회 장로로 독실한 개신교인이었다. 종로에 안착한 이후로 불교계와 관계가 영 매끄럽지 못했다. 캠프에 불교계를 담당하는 전담 직원까지 두고 있었지만 관계를 원만히 끌고 가기엔 한계가 많았다.

다른 후보들은 달랐다. 이종찬은 불교도는 아니었지만 종로 4선을 하는 동안 불교계와 오랜 유대를 쌓았다. 노무현은 본인이 사실상 불교 신자였다. 그는 관내 사찰을 찾을 때마다 "독실한 불교 신자였던 어머님이 부처님을 모셔놓고 매일 불경을 독경하셔서 그 소리에 잠이 깨곤 했던 기억이 난다"고 했다. 그러면서 "내 가치관은 불교적"이라고도 했다. 또 경남 김해 장유암에 머물며 고시 공부를 했던 일화도 자주 소개했다. 부인 권양숙은 독실한 불교 신자로, 훗날 '대덕화'란 법명도 받았다.

따지고 보면 2009년 그의 마지막은 대단히 '불교적'이었다. 몸을 던지기 직전 찾은 곳은 봉화산 자락에 있는 정토원이었고 "삶과 죽음이 모두 자연의 한 조각 아니겠느냐"던 유서에는 불교적 인생관이 녹아 있었다. 입관식도 통도사 주지 정우 스님의 염불과 권양숙의 극락왕생 발원 기도 속에 이뤄졌다. 국민장 때는 2,000여 장의 만장이 내걸리기도 했다. 물론 노무현에 대한 불교계의 이런 호감이 4월 종로 선거에서 얼마만큼 표로 연결됐는지는 알 수 없다.

이명박은 불교계 공략에 대한 어려움을 《절망이라지만 나는 희망이 보인다》에서도 소개했다. 책에서 그는 "많은 우려에도 불구하고 결국 불교계의 지지를 이끌어냈다"고 주장했다.

이명박은 선거기간 중 어느 날 조계사 법회에 초대됐다. 그는 현근 큰스님과 첫 만남에서 악수를 나눴다. 합장하며 인사하는 불교 예법을 따르지 않았던 거다. 법당에 들어서자 익숙하지 않은 환경에 그는 안절부절못했다. "법회에 오지 말았어야 더 좋았을 것이 아닌가 하는 생각이 스쳤다"며 당시를 회고했다. 그러자 현근 스님이 이렇게 말했다는 거다.

"여러분, 이명박 후보는 예수 믿는 사람이라는 거 다 알지요? 나는 불자 여러분께서 종교를 떠나 이 후보를 지지해주기를 바랍니다. 이분은 종로구 선거에서 당선되고 앞으로 더 큰일을 할 거라고 확신합니다."

이명박은 "그 후 알게 된 거지만 큰스님은 앞서 두 후보에게는 간단한 인사만 하도록 했는데 나에게는 특별한 지지를 해준 것이었다"고 회고했다.

하지만 당시 캠프 관계자들은 불교계가 이명박을 지지했다는 게 "거짓말"이라고 단언했다. 이 책이 출간된 시점이 서울시장 선거를 앞둔 2002년이고, 잇단 종교 편향 발언으로 불교계와 불편했던 만큼 그로서는 어떻게든 불교계와 관계 개선을 시도했어야 할지 모른다. 실제 《한겨레》 1996년 4월 4일자 기사를 보면 이명박의 회고와는 결이 다른 내용이 나온다. 불교 폄훼 발언을 한 게 소문나 곤욕을 치르고 있다는 거였다.

불교계 정서와 관련해 수세에 몰려 있는 쪽은 신한국당 이명박 후보다. 이 후보는 불교계의 뿌리 깊은 반YS 정서에다, 엎친 데 덮친 격으로 지난해 가을 한 방송에 출연해 불교를 폄하하는 발언을 했다는 구설에도 올라 있다. 이 후보 쪽은 "조계종 일부 사찰에서 비우호적 분위기가 있는 것은 알고 있지만 대부분 불교도는 이 후보 개인에 대해 나쁜 감정을 갖고 있지 않다"고 낙관했다. 하지만 이 후보는 최근 사찰을 돌며 자신의 발언을 해명하는 등 불심 달래기에 부심하고 있는 것으로 알려졌다.

도대체 무슨 말을 했던 걸까. 이명박은 1995년 9월 1일 KBS1 〈아침마당〉에 출연했다. '아, 어머니 그리고 야망의 세월'이란 타이틀을 달고서였다. 방송에서 그는 어린 시절을 추억했다. 주로 어머니와 일화였다. 그의 신앙 간증 '어머니의 기도'와 비슷한 내용이었다. 교회에서라면 박수받을 내용이었지만 방송에서는 할 이야기가 아니었다. 대략 이런 내용이었다.

"동네에 절이 하나 있었는데, 중이 절을 버리고 떠나버린 겁니다. 너무 가난했던 저희 온 식구가 그 절에 들어가 살았죠. 제일 넓은 대웅전에 들어갔는데, 다른 집하고 칸막이를 쳐놓고 살아야 했습니다."

대웅전은 불상을 모시는 사찰의 심장부다. 그런 곳을 무단 점유해 살림을 차렸다는 건 불자들 입장에선 기가 찰 만한 내용이었다. 문제는 거기서 그치지 않았다. 이명박은 종로 관내 교회를 돌면서 신앙 간증을 할 때마다 이 이야기를 빼놓지 않았다.

"그때 대웅전에 들어가 살면서 그 안에 모셔놨던 불상을 다 치워버렸습니다. 아니, 예수 믿는 사람이 우상을 머리에 이고 잘 순 없잖습니까."

"저는 사찰에 가면 친근감을 느끼는 게 하나 있습니다. 반쯤 뜨고 있는 부처의 눈이 어쩌면 그렇게 제 눈과 닮았는지 모르겠단 말이죠. 하하."

성도들은 "할렐루야!", "아멘!" 하면서 박수를 치고 좋아했지만 이 발언은 곧바로 입소문을 타고 온 동네에 퍼졌다. 불교계에서 싸늘한 반응이 전해졌다. 주종탁의 회고.

"그때 사찰에 이명박 후보를 수행하고 가면 확실히 분위기가 좋지 않았습니다. 물론 면전에서야 스님들이 별말씀을 안 하셨죠. 하지만 후보가 저만치 앞에 가면 스님들이 절 붙잡고 그러셨어요. '거 후보한테 말 좀 가려가면서 하라고 해!' 기분 나빴던 거죠. 이명박 씨는 기본적으로 불교를 '우상 숭배 집단'이라고 이해했던 것 같습니다."

반대로 이명박은 개신교 표 결집에 많은 공을 들였다. 특히 이 과정에서는 '바울선교회'란 단체가 큰 역할을 했다. 바울선교회는 이명박과 종로 교회들 사이에서 중개 역할을 했다. 이름만 봐서는 일반적인 선교 단체 같지만 사실상 이명박 캠프의 사조직이었다는 게 당시 관계자들의 전언이다.

운명의 시작

—

3월 26일 후보 등록과 공식 선거운동 개시를 앞두고 언론은 격전지 여론조사 결과를 잇달아 발표했다. 종로는 최대 관심 지역

중 하나였다.《조선일보》3월 22일자에선 이명박이 27.9퍼센트를 얻어 이종찬(18.2퍼센트), 노무현(16.7퍼센트)을 멀찌감치 따돌리고 선두를 달리고 있었다. 오차 범위를 넘어선 리드였다. 아직 마음을 정하지 못한 응답자(30.8퍼센트)가 많다는 게 누군가에겐 걱정거리였고 누군가에겐 위안이었다.

하지만 이틀 뒤인 3월 24일《중앙일보》여론조사는 정반대였다. 이종찬이 28.7퍼센트로, 26.2퍼센트에 그친 이명박을 앞섰다. 오차 범위 내였다. 무응답층(22.1퍼센트)이 누구 손을 들어주느냐에 따라 판세는 얼마든지 바뀔 수 있는 상황이었다. 노무현은 15.3퍼센트로 두 사람을 쫓았다. 1월 종로 출마를 선언한 직후 여론조사 때와 비교해 지지율 변화가 거의 없었다. 2강 1중의 흐름이었다.

"아이고, 다들 아침부터 고생이 많으십니다."

노무현이 아침 인사와 함께 문을 열고 들어섰다. 카메라 플래시가 사방에서 터졌다. 3월 26일 서울 종로구청 4층, 종로 선관위가 마련해놓은 총선 후보 등록 접수처였다.

"다른 분들은 아직 안 오셨나 보지요?"

다소 상기된 표정을 한 노무현은 사무실에 걸린 벽걸이 시계를 올려다봤다. 아침 8시 20분. 후보 등록 개시는 9시부터였다.

"왜 이렇게 일찍 오셨어요?"

사진기자들이 물었다.

"오늘부터 선거운동이 시작되는데, 아침에 일찍 눈이 떠지더라고요. 급한 마음에 한번 일찍 와봤습니다."

그의 말이 끝나고 얼마 지나지 않아 이명박이 나타났다.

"아이고, 노 의원님이 먼저 와계셨네? 반갑습니다."

이명박이 활짝 웃으며 악수를 건넸다.

"요즘 고생 많으시지요?"

노무현이 그의 손을 받았다. 사진기자들은 바로 이 순간을 기다렸다는 듯 연신 플래시를 터뜨렸다. 두 사람의 인사가 마무리될 즈음, 이종찬과 김을동, 무소속 후보들이 하나둘씩 모습을 드러냈다. 9시 정각에 후보들은 이미 전원이 도착한 상태였다. 선관위는 보통 이럴 때 추첨을 통해 등록 순서를 정한다. 이때부터 후보들은 긴장한다. 그저 등록 순서를 정하는 일일 뿐이지만 말 그대로 순서를 정하는 일이다 보니 뭔가 묘한 징크스에 빠진다. 치열한 신경전이 펼쳐진다.

후보들은 저마다 숫자가 적힌 고무공을 뽑아 들었다. 노무현, 이명박, 이종찬, 김을동 순이었다. 노무현은 왠지 기분이 좋았다. 가장 먼저 후보 등록을 마친 노무현은 소감을 묻는 취재진에 이렇게 말했다.

"글쎄요, 선거에서도 등록 순서처럼 1등 할 거 같은 예감이 드는데요. 허허."

후보들은 곧바로 선거 유세에 시동을 걸었다. 이때만 해도 후보 등록과 동시에 선거운동을 시작할 수 있었다.

이명박은 오전 11시 30분 창신동 동덕여고 입구에서 첫 번째

거리 유세를 시작했다. 그의 옆에는 며칠 전 신한국당 입당과 동시에 이명박 후보 지지 선언을 한 정인봉 변호사가 있었다. 종로 토박이인데다 앞서 총선에 두 번이나 출마해 1만 5,000여 표 정도를 꾸준히 얻었던 사람이었다. 두 후보의 추격을 뿌리쳐야 하는 이명박 입장에서 그의 합류는 천군만마나 다름없었다. 이명박은 그를 선대위원장에 임명했다. 정인봉의 역할은 이명박을 '증거'하며 그의 연설에 앞서 분위기를 띄우는 일이었다.

"이종찬 의원 16년 밀어줘서 뭐가 바뀌었습니까? 종로는 여전히 못사는 동네입니다. 이명박 의원은 현대건설 회장을 지냈어요. 이 낡아빠진 종로를 확 뜯어고칠 겁니다, 여러분!"

주인공은 역시 이명박이었다. 사전 유세 때만 해도 10여 명에 불과하던 청중은 그의 등장이 임박하자 갑자기 100여 명 이상으로 확 불었다. 미니스커트 차림의 여성 선거운동원들 사이에서 이명박이 등장했다. 그는 양복 대신 점퍼를 입었고, 구두 대신 운동화를 신었다. 일꾼이 되겠다는 다짐의 표시였다. 그는 "하루에 네 시간 동안 자면서 현대건설 신화를 이뤘던 그 능력으로, 낙후한 종로의 경제를 살리겠다"고 소리를 높였다.

그의 유세 전략은 '실사구시'였다. 정치적 논쟁은 최대한 피했다. '새 정치인'인 본인과 '구 정치인'인 이종찬·노무현의 구도를 짰던 그로선 어찌 보면 당연한 전략이었다. 대신 지역민들의 개발 심리를 한껏 자극했다.

"저는 야당 의원이 지역구를 외면하고 다닐 때 이곳에 지하철

6호선을 끌어왔습니다."

《동아일보》 3월 27일자에 소개된 이날 유세에서 이명박은 "준비한 연설문을 보지 않고 연설했다"고 한다. 연설 내용 대부분이 선거운동 전 의정 보고회에서 말했던 것과 비슷했다는 거다. 특히 김영삼 정부와의 관계를 설명하는 대목에서 그랬다.

"저한테 많은 분들이 그러십니다. YS, 신한국당하고 인연을 끊어라! 그러면 표를 주겠다고. 하지만 부모가 못났어도 자식이 어찌 부모를 버릴 수 있습니까. YS가 욕을 먹는 건 뭐가 됐든 일을 하니까 그런 겁니다. 욕을 하는 사람들은 아무 일도 안 하는 사람들이에요."

노무현이 이날 첫 유세를 시작한 건 오후 2시 30분쯤부터였다. 장소는 명륜동 성균관대 앞 삼거리. 그는 첫날 첫 유세에서 대학생들의 지지를 확인하고 싶었다. 하지만 생각만큼 대학생들은 모이지 않았다.

"종로에서 노무현 후보가 극적인 역전 만루 홈런을 때렸습니다! 야, 이거 대단합니다. 종로의 자존심이 살아났습니다!", "아무도 이 사람을 고등학교 졸업자라고 생각하지 않습니다. 민주당 국회의원 노무현으로 생각합니다."

대형 스피커에선 야구 중계를 본뜬 내레이션이 흘러나왔다. 한 주제당 30초가량 되는 라디오 광고 형식의 방송이었다. 갈 길 바쁜 행인들이 가볍게 듣고 메시지를 기억할 수 있게 하려고 만든 거였다. '종로는 한국 정치의 꿈의 구장', '개운한 남자 노무현', '약한 자의 보디가드', '국회의원도 학력 파괴' 등 여러 버전이 있었다. 다른 후보들처럼 귀청을 때리는 로고송은 틀지 않았다. 저작권료를 주고 로고송을 녹음할 돈이 없어서였다.

대신 참여형 캠페인을 지향했다. 유세 차량에 간이 농구대를 싣고 다니면서 젊은 사람들이 모여 있는 곳에 가면 길거리 농구게임을 벌였다. 백보드에는 '노무현의 3점 슛, 대역전'이란 글귀가 적혀 있었다. 노무현 캠프는 부족한 자원을 튀는 아이디어로 메웠다. 물론 그런다고 사람들이 모이는 건 아니었다.

오후 2분 50분쯤 노무현이 등장했다. 1톤 소형 트럭에 설치한 연단 위로 훌쩍 뛰어올랐다. 유세장 마이크를 잡은 지 10개월 만이었다. 이번엔 부산이 아닌 종로였다. 앞서 두 차례 낙선의 한을 풀기라도 하듯 지역주의를 강하게 비판했다.

"경상도는 '한 번 더 해먹자'고 합니다. 전라도는 '한 좀 풀어보자'고 합니다. 충청도는 '배알도 없나유' 합니다. 이런 말만 들어도 알 수 있는 거 아닙니까. 한국 정치는 지역감정 때문에 피멍이 들고 있습니다. 세상천지 어느 나라가 당 총재 고향 따라 투표를 한단 말입니까?"

노무현의 연설이 진행되는 동안 유세장엔 어느덧 200여 명의 청중이 모였다. 그는 사람들이 모여들수록 더욱 목소리를 높였다. 오후 4시엔 금천시장 앞에서, 6시엔 효자동 앞거리에서 유세를 이어갔다.

"허삼수 씨 같은 자를 당선시켜준 사람이 YS입니다. 공천 헌

금하면 DJ입니다. 변절자, 부정 축재자 집단이 바로 JP의 자민련입니다. 이제 정말 지역 정치 끝장내야 합니다. 3김의 낡고 부패한 정치 바로잡아야 합니다. 정치 1번지 명예를 되찾아야 합니다. 이 노무현이가 하겠습니다."

스캔들

—

3월 21일 오전 9시. 서울 여의도 국민회의 당사는 아침부터 술렁였다. 당 중앙선대위에서 긴급 기자간담회를 연다는 고지가 기자실에 통보된 직후였다. 방송사 카메라가 설치됐다. 기자들은 수첩과 펜을 들고 하나둘 모여들었다. 잠시 후 정희경 선대위 공동의장이 회견장에 나왔다. 선대위 의장이 직접 뜬다는 건 그만큼 중대 사안이란 이야기였다.

"저희 당은 지난 2월 초 김영삼 대통령의 최측근인 장학로 청와대 제1부속실장의 부정축재 혐의와 여성 편력에 대한 제보를 받아 조사한 결과, 그가 청와대 근무를 시작한 1993년 이후부터 동거녀인 김 모 여인과 오빠, 동생들 명의로 거액의 보험에 가입하거나 37억여 원의 부동산을 집중 매입한 사실을 확인했습니다. 장 부속실장은 특히 전처 정 모 씨를 정신병원에 감금시키는 등 강제 이혼을 하면서 출처가 불분명한 5억 원의 위자료를 지불하기도 했습니다."

정희경 공동의장은 어떤 말을 할 때마다 그걸 증명할 증거물을 쥐고 흔들었다. 건축물관리대장, 토지대장, 보험가입증서 사본 등이 그의 손에서 흔들렸다. 물증이 있었기에 '아니면 말고'로 치부할 수 있는 일이 아니었다.

청와대 제1부속실장은 잘해야 1급 비서관에 불과했다. 하지만 대통령과 물리적으로 가장 가까운 자리에 있는 '문고리'였다. 역대 어느 정권 때나 직위 이상의 힘을 가졌다. 장학로라는 사람 자체가 갖는 상징성도 컸다. 그는 상도동 집사였다. 1977년 상도동에 들어와 근 20년 가까이 김영삼 가문의 대소사를 챙겼다. 제1부속실을 그에게 맡겼던 것도 그런 이유였다.

청와대는 발칵 뒤집혔다. 사실 여부를 확인하고 말고 할 겨를이 없었다. 선거를 20여 일 앞두고 있었다. 폭로 두 시간 뒤, 김영삼은 즉각 장학로에게 사표를 받았다. 곧바로 대검찰청 중앙수사부에 "무조건 장학로를 잡아들이라"고 지시했다. 장학로는 사직서 결재란의 대통령 사인이 채 마르기도 전인 그날 저녁 8시 서울지검에 소환됐다. 야당의 폭로, 사표 수리, 검찰 소환이 단 하루 만에 이뤄졌다. 이틀 뒤인 23일에 구속됐다. 급한 불을 꺼야 했다. 전광석화였다.

문제는 다음이었다. 장학로의 기상천외한 부정 행각들이 연일 신문 지면을 도배했다. 김영삼은 청와대에서 손님들에게 칼국수를 대접했다. 칼국수는 금권정치와 단절을 상징하는 아이콘이었다. 그런데 문고리는 그 시간에 서울 시내 특급 호텔을 돌았다. 중소 기업인들을 만나 하루 두 번, 세 번씩 점심을 먹을 때도 있었다. 그때마다 민원을 들어주고 돈을 받았다. 100만 원 단위의 소액을 챙겼다. 그렇게 모은 돈이 약 27억여 원이었다. 돈을 건넨 사람만 150여 명에 달했다. 장학로 파문은 총선 최대 쟁점으로 부상했다. 종로에서도 마찬가지였다.

선거운동 이틀째인 3월 27일, 신한국당 이회창 선대위의장과 박찬종 수도권위원장이 함께 종로를 찾았다. 종묘공원에서 열린 신한국당 정당 연설회였다. 이명박이 두 사람을 맞았다. 2,000여 명의 청중이 모여들었다. 물론 이회창 때문만은 아니었다. 그들의 관심은 '신한국당 연예인자원봉사단'이 등장한 식전 행사에 쏠렸다. 이날《연합뉴스》는 연설회장 풍경을 이렇게 묘사했다.

정당 연설회장에 가지 못한 인근 세운상가 상인들이 이들 연예인의 모습을 보기 위해 2, 3층 창문으로 고개를 내밀어 세운상가 빌딩 한쪽 면은 '얼굴투성이'. 또 연예인들이 많이 나온다는 말을 미리 전해 들은 인근 탑골공원의 노인 수백 명이 종묘공원으로 총총히 발걸음을 옮기는 바람에 종로 3, 4가 인도는 한때 극심한 혼잡을 보이기도.

연설회장 초입에는 '임채무, 이경규, 정수라, 민해경, 김해숙이 이명박과 함께합니다'란 현수막이 걸려 있었다. 식전 행사 사회는 개그맨 이경규가 맡았다. '몰래카메라'로 최고의 주가를 올리고 있던 때였다.

"이명박 후보가 당선되면 제가 이명박 후보 몰래카메라를 찍어 공개하겠습니다. 음후하하하."

"짜연~스럽게 1번! 이명박 찍어주십시오!"

이경규는 자신의 유행어를 섞어가며 지지를 유도했다. 그는 이어 가수 민해경과 정수라를 불러 무대에 올렸다. 모인 사람들은 그들의 히트곡 열창을 기대했다. 그런데 두 사람은 "이명박 후보에게 한 표를 부탁드립니다"라는 짤막한 인사말만 하고 무대를 내려갔다. 선거법 때문이었다.

"이회창 선대위 의장님을 소개합니다. 우레와 같은 박수 부탁드립니다."

이회창은 이명박과 함께 연단에 올랐다. 그의 손을 잡고 양팔을 들어 올렸다. 이회창 정치 인생의 첫 번째 옥외 연설이었다. 그는 장학로 스캔들부터 언급했다. 어떻게든 불길이 번지는 걸 막아야 했다.

"이번 사건으로 문민정부 개혁 과정에서 미비점이 있었다는 건 솔직히 인정합니다. 하지만 조사 결과가 아직 나오지도 않은 이때, 야당이 '정권 비리'로 몰아가는 건 잘못입니다. 조사 결과 개인 비리로 드러나면 개인이 책임지면 되고, 정권 비리로 드러나면 정권이 책임지는 건 당연한 겁니다."

뒤이어 연단에 오른 이명박은 철저히 지역 현안에 집중했다.

그의 손에는《종로2000 개발 연구 보고서》란 책자 한 권이 들렸다.

"종로가 정치 1번지이지만 명문 고등학교가 모두 강남으로 떠났습니다. 구민회관도 하나 없는 낙후된 도시가 됐습니다. 경복궁 앞 보안사를 이전시켜 문화의 거리로 만들고 떠나가는 종로가 아니라 모여드는 종로를 만들겠습니다."

그는 여지없이 '경제 전문가'를 자처했다.

"지난해 경제 성장이 9퍼센트나 되고 물가가 4.5퍼센트로 잡히면서 대기업 경제는 단군 이래 최대 호황을 누리고 있습니다. 하지만 서민 경제는 어떻습니까. 여전히 불경기 아닙니까. 현대그룹에서 실물경제를 다뤄본 이 이명박이만이 서민 경제를 회생시킬 수 있습니다, 여러분!"

같은 날 노무현의 유세 시작은 오전 7시부터였다. 숭인동 제일아파트 입구에 서서 출근길 주민들에게 악수를 건넸다.

"안녕하십니까. 노무현입니다. 썩은 정치 꼭 청산하겠습니다."

"안녕하십니까. 노무현입니다. 깨끗한 정치 꼭 이뤄내겠습니다."

일터를 향해 종종걸음을 걷는 사람들을 잠깐 세워 악수를 건네는 일은 여간 어려운 게 아니었다. 열의 여덟은 그냥 지나쳤다. 악수를 하지 않으려, 건네는 명함을 받지 않으려 주머니에서 손을 빼지 않는 사람들도 많았다. 서울 분위기는 부산하고 또 달랐다. 그는 그렇게 같은 자리에서 세 시간을 보내다 오전 10시부터 유세를 시작했다.

"여러분, 한때 YS 시계, 삼재 시계가 유행하더니, 요즘 종로에서는 '명박 시계'가 판을 치고 있다고 합니다."

노무현이 언급한 명박 시계는 YS 시계처럼 손목시계는 아니었다. 이명박은 당시 지역 주민들에 '국회의원 이명박'이라는 이름 석 자가 새겨진 벽시계를 돌린 일로, 이종찬 측으로부터 고발을 당한 상태였다. 노무현은 계속해서 이명박의 돈 선거를 고발했다.

"종로구민 여러분, 호화혼수 해온 며느리가 시부모 대접 잘하는 거 보셨습니까. 난 할 만큼 했으니까 이것저것 기대하지 말라 하는 법입니다. 반면 혼수 좀 못 해오더라도 일 잘하는 며느리들은 어떻습니까. 시부모님 극진히 모십니다. 이렇게 좋은 집안에 일 잘하는 며느리 들어왔다고 생각하시고, 넓은 마음으로 이 노무현이 좀 찍어주십시오."

이날 유세의 하이라이트는 오후 6시였다. 몇 시간 전 신한국당이 쓸고 간 종묘공원에, 이번엔 민주당 선대위가 총출동했다. 노무현을 비롯해 박계동, 제정구, 이철, 이부영 등 젊은 세대에 어필하는 스타 정치인들이 연단에 올랐다. 행사 사회는 개그맨 최병서가 맡았다. 그는 3김 성대모사를 하면서 좌중을 쥐락펴락했다. 하지만 청중은 앞서 신한국당 유세 때의 절반도 안 되는 500여 명 정도였다. 그나마 다행이라면 대부분 제 발로 찾아온 2030 유권자였다는 점이다.

홍성우·이중재 선대위 공동위원장이 먼저 연단에 올랐다. 하지만 사람들은 그들이 누군지 잘 몰랐다. 두 사람은 이회창, 박찬종이 아니었다. "일개 청와대 수행 비서가 수십억 원을 챙겼는데 대통령 측근 가운데 장학로만 검은 돈을 챙겼다고 믿을 사람이 누가 있겠느냐"고 사자후를 토했지만 반응은 크지 않았다. 청중이 호응하기 시작한 건 노무현이 등장하면서부터였다.

"이 노무현이는 옳은 길을 가야 한다는 신념 때문에 YS의 3당 합당, DJ의 분당에 참여하지 않았습니다. 이곳 종로는 1985년 2·12 선거 혁명의 진원지 아닙니까? '정치 1번지'인 종로에서 낡은 정치를 끝장내주십시오."

노무현은 이날 연설에서 '진짜 야당 후보론'을 폈다. 이종찬을 겨냥한 거였다.

"야당 지도자를 공산주의자로 몰아 탄압하던 중앙정보부 주역이 어느 날 야당 후보가 돼 나타났습니다. 심지어 그 지도자의 최측근이 돼서 정권을 잡겠다고 합니다. 도대체 누가 정통 야당이고 누가 진짜 야당 정치인입니까. 김영삼 정권의 불안한 음주운전을 견제할 진짜 야당 후보! 이 노무현뿐입니다."

노무현의 이런 기조는 선거 중반까지 이어졌다. 여당 고정표를 가져오기보다는 '정보기관, 5·6공 출신 야당 후보'에 실망한 야당·호남 표를 공략하는 게 낫다고 판단했다. 또 이종찬 측으로부터 야권 표를 잠식한다는 이유에서 '신한국당 2중대'라는 비판을 듣고 있던 터라 선명성 경쟁에서 우위를 보이고 싶은 심리도 작용했다. 이종찬의 회고다.

"노무현 씨가 정말 혹독하게 비판했죠. 정계 은퇴한 김대중 총재를 내가 부추겨서 다시 불러냈으니 야권 분열 주범이 이종찬이라는 식이었어요. 하지만 그런 비판은 크게 서운하지 않았습니다. 도둑질을 했네 어쩌네 하는 인신공격은 아니었으니까. 정치적 견해 차이에 따른 비판이야 얼마든지 할 수 있는 거 아닙니까. 내가 노무현 씨였어도 그랬을 거예요."

하지만 역시 노무현의 제1타깃은 이명박이었다. 그는 3월 29일 오후 12시 30분 계동 현대그룹 사옥 앞에 유세 차량을 댔다. 이명박의 상징 같은 장소였다. 그가 의도하고자 하는 바가 분명했다. 점심 식사를 마치고 회사로 들어가던 200여 명의 샐러리맨들이 삼삼오오 모여들었다.

"노태우 씨에게 8억 1,000만 원 뇌물을 건넨 후보가 한국 정치 1번지 종로에서 정치하도록 놔둘 수 있습니까? 천문학적인 재산을 은닉해 온갖 구설에 올랐던 후보가 종로에서 당선되는 걸 보고만 계실 겁니까? 돈 없고 힘없는 사람들 등골 빼먹어 부자된 후보가 종로에서 배지 다는 거 보고만 계실 겁니까?"

이명박은 종로에 왔을 때부터 '연고'를 현대그룹 계동 사옥에서 찾았다. "27년간 근무했던 곳이 바로 거기"라면서다. 그렇다면 그는 선거운동 과정에서 현대그룹의 측면 지원을 받을 수 있었을까.

"말도 안 되는 소리하지 마세요. 지원은 무슨……. 방해나 안 했으면 고마울 정도지. 1992년 현대그룹 떠난 뒤로 현대는 이명박 씨하고 완전 원수지간이었어요. 왕회장이 버젓이 살아 있는데 간이 배 밖으로 나오지 않은 이상 누가 이명박 씨를 돕겠습니까."

주종탁은 "그룹 차원에서야 그렇다 쳐도 옛 부하 직원들이 몰래 캠프를 찾아왔을 법도 한데 그마저도 기억이 전혀 없다"며 "현대에 있을 때 직원들과의 관계가 어땠는지 한눈에 알 수 있었다"고 했다.

그가 기억하는 또 하나의 일화. 공식 선거운동이 시작되기 전, 어느 날이었다. 이명박은 측근 두어 사람과 함께 사무실을 나섰다. 그들 손에는 카메라가 들려 있었다. 이명박 일행이 찾은 곳은 다름 아닌 현대 계동 사옥.

"이쯤에 서 있으면 될까?"

이명박은 계동 사옥 입구 왼쪽에 서 있는 '現代' 표지석 옆에 엉거주춤한 자세로 섰다. 가로 2.5미터, 세로 1.8미터 크기의 표지석은 1983년에 세워진 이후 현대그룹을 상징하는 아이콘이었다.

"여기 표지석에 보면 내가 1977년 현대건설 사장 취임한 기록이 있다고."

이명박은 회사 연혁이 새겨진 표지석 뒤쪽을 가리켰다. 잠시 옛날을 추억하는 듯 표지석을 손으로 쓰다듬었다. 만감이 교차하는 표정이었다. 그런 이명박을 동행한 측근들은 연신 카메라에 담았다. 주종탁은 "선거 공보에 쓸 사진을 찍기 위해 갔던 것"이라면서 "빌딩 관리인이 달려와 '당장 나가라'고 할까 봐 내내 마음을 졸였던 기억이 난다"고 했다.

1992년 대선에서 정주영을 지지했던 이종찬 역시 훗날 정주영에게 이명박에 관한 일화를 물어본 적이 있다고 했다. 그런데 정주영은 입을 꾹 닫은 채 한마디도 않더라는 거였다.

"몇 번을 물어도 대답을 않는 겁니다. 속으로 '뭔가 말 못할 사연이 있구나' 싶었죠. 그런데 나중에 정몽준 씨가 그러더군요. '현대에서 그 자식 좋아하는 사람 있는 줄 아느냐'고."

궁안마을

—

종로구 숭인1동에는 '궁안마을'이라는 곳이 있다. 조선 제25대 철종 임금의 딸 영혜옹주와 결혼한 박영효의 집터가 있던 자리다. 사람들은 임금님 사위가 사는 집이라고 해서 거기를 '궁宮'이라 불렀고 주변 마을을 '궁안마을'이라고 불렀다. 그 후로도 고관대작들이 많이 살았다. 물론 조선시대 이야기다.

궁안마을은 서울의 대표적 빈민촌이었다. 주거환경개선사업이 이뤄진 건 2000년대 이후였다. 재래식 화장실이 달린 집들이 즐비했고 오토바이 한 대 간신히 빠져나갈 정도로 좁디좁은 골목길이 동네 곳곳에 모세혈관처럼 뻗어 있었다. 밤이 되면 경찰도 안 간다는 이야기가 있을 정도로 치안도 엉망이었다.

궁안마을은 역대 선거에서 일관성을 갖고 있었다. 여당 후보들의 무덤이었다. 한 번도 야당 후보를 이긴 적이 없었다. 이종찬도 내리 4선을 하는 동안 이곳에선 연전연패였다. 호남 출신 주민들 숫자가 압도적으로 많았다.

"의원님, 시간도 없는데 그런 데를 뭐 하러 가시려고 그러세요?"

3월 하순의 어느 날이었다. 이명박은 캠프 전략 회의 도중 숭인1동, 특히 "궁안마을에 가서 선거 유세를 하겠다"고 했다. 참모들은 득달같이 달려들어 반대했다.

"거기는 전라도 사람들이 80퍼센트입니다. 가봤자 시간 낭비라니깐요."

이명박은 참모들의 반대를 뿌리쳤다.《절망이라지만 나는 희망이 보인다》를 보면 회의 장면이 나온다. 이명박은 "표가 안 온다고 해서 그 지역을 무시하면 진정한 지역별·계층별 과반수 승리가 아니라는 생각"을 했다.

그는 유세 결정을 내리고 곧바로 그날 밤 10시쯤 궁안마을을 찾았다. 동네 사람들이 하루 일과를 마치고 귀가하는 시점을 골랐다. 미로 같은 입구를 지나 마을로 들어서니 마을 한가운데 조그마한 공터가 보였다. 작은 우물도 있었다. 이명박은 이곳이 마을의 중심부일 거라고 생각했다.

"여기서 시작하면 좋겠구먼."

이명박은 우물가에 서서 핸드 마이크를 들고 연설을 시작했다.

"안녕하십니까. 궁안마을 주민 여러분! 신한국당 이명박이 왔습니다."

주민들은 별 반응이 없었다. 오히려 "시끄러우니 조용히 하라"는 고성이 저만치쯤에서 들려왔다. 이명박은 개의치 않았다. 아예 신문지를 깔고 앉아 '농성'에 들어갔다. 그러자 몇몇 주민들이 나와 "마을에서 나가라"고 윽박질렀다.《절망이라지만 나는 희망이 보인다》의 관련 대목.

나는 내 앞에 와서 거칠게 항의하는 사람들을 향해 말했다.

"나는 오늘 여기 국회의원 후보로 온 게 아니오. 여러분들이 나를 안 찍어줄 것을 다 알고 왔소. 나는 오늘 여러분들에게 표 구걸하러 온 게 아니라 어떻게 하면 이 지긋지긋한 가난에서 벗어날 수 있는지를 알려주려고 왔소."

나도 다소 격앙되어갔다. (중략)

"나도 한때 유년 시절을 달동네에서 힘겹게 살았소. 새벽에 쓰레기도 치워보고 아침에 화장실 갈 때도 여러분들처럼 길게 줄을 서는 고역을 치러도 봤습니다. 그러나 나는 죽어라 열심히 일하여 우리나라 최고 그룹 회장까지도 지냈고 지금은 부자로 살고 있소. 나는 오늘 여러분들에게 내가 부자가 된 비법을 가르쳐주려고 왔습니다."

이명박은 이 책에서 '자수성가 스토리'가 가난에 허덕이는 궁안마을 사람들을 감화, 감동시켰고 심지어 "나중에 한번 다시 찾아달라"는 요청까지 받았다고 말했다. 그래서 투표일 직전에도 마을을 다시 찾았고 즉석에서 주민들과 정담을 나누는, 요즘 말로 '토크 버스킹'을 벌였다는 거였다.

선거일 종로구는 유례없는 결과가 나왔다. 결과는 대승이었다. 나는 예상을 뛰어넘고 큰 표 차로 당선됐다. 나는 무엇보다도 궁안마을에서 이긴 것이 더 값지다고 생각했다. (중략) 그들에게 약속한 선거 공약이 하나도 없었지만 그들은 내 손을 잡고 축하하며 누구보다도 기뻐했다.

그런데 이상한 구석이 있다. 당시 개표 현황을 보면 숭인1동에서 이명박은 승리하지 못했다. 그는 1,735표를 얻어 2,048표를 받은 이종찬에 이어 2위를 달렸다(노무현은 610표였다). 물론 역대 여당 후보가 얻은 표와 비교하면 이명박이 많은 표를 받은 것임에 틀림이 없었다. 하지만 선전한 것과 이겼다는 건 같은 뜻일 수 없다. 전 비서관 김유찬의 회고다.

"이기기는 무슨…….졌습니다. 당시 제가 유세팀장을 맡고 있었습니다. 때문에 종로 구석구석 유세 차량을 타고 다니면서 누볐는데 숭인동, 창성동 쪽은 캠프에서 열세 지역으로 분류해서 거의 가질 않았어요. 평창동, 부암동, 인사동 같은 부촌에 집중하는 편이었죠. 물론 그런 동네에서도 거리 유세를 안 한 건 아닙니다만, 형식적으로 했을 뿐입니다."

숭인동 주민들이 역대 여당 후보 중 이명박에게 상대적으로 많은 표를 던진 데는 역시 '지역개발'에 대한 기대감이 컸다. 이명박은 "그들에게 아무 약속도 하지 않았다"고 했지만 사실이 아니었다. 그는 지역개발 청사진을 담은《종로2000 개발 연구 보고서》를 통해 숭인동 주민들에게 '장밋빛 꿈'을 안겼다. 주민들 사이에선 "이명박이 당선되면 현대건설이 지역 재개발에 참여할 것"이란 소문도 돌았다. 이는 지역 4선 이종찬에 대한 실망감의 표시이기도 했다.

합동 연설회 1

—

지금은 사라졌지만 그때까지만 해도 합동 연설회란 게 있었다. 학교 운동장 같은 데서 모든 후보들이 정견 발표를 했다. 지금처럼 클릭 몇 번으로 후보자 정보를 알 수 있는 시절이 아니었다.

일일이 유세장 찾아다니지 말고 한자리에서 비교하고 평가하라고 마련한 자리였다. 후보들이 저마다 합동 연설회에 모든 화력을 쏟아부은 건 그런 이유에서였다. 말 잘한다, 똑똑하다는 평가가 나오면 입을 타고 온 동네에 소문이 퍼졌다.

합동 연설회는 세 과시의 장이기도 했다. 형편이 괜찮은 후보들은 돈을 주고서라도 사람을 모았다. 우리 편엔 '박수 부대'였고, 상대에겐 '야유 부대'였다. 현장의 분위기가 어느 쪽에 쏠리느냐에 따라 대세론이 형성됐기 때문에 무리수를 둘 수밖에 없었다. 서로 목 좋은 곳을 차지하려다 보니 선거운동원들끼리 주먹다짐도 다반사였다. 사람 냄새는 났지만 많이 혼탁했다.

종로에서 1차 합동 연설회가 열린 건 3월 31일 오후 2시였다. 행사장인 대신고 교정은 이미 4,000여 명이 들어차 입추의 여지가 없었다. 군소 정당·무소속까지 후보만 9명이었다. 추첨 순서에 따라 노무현이 첫 번째, 이명박이 여섯 번째, 이종찬이 여덟 번째 연사가 됐다.

노무현이 연단에 올랐다. 와 하는 함성 소리가 터졌다. 생각보다 많이 컸다. 이명박 선거운동원들도 그를 연호했다. 당시 이명박 캠프 관계자는 "어떻게든 노무현의 기를 살려놔야 했다"고 했다.

"당시 우리가 제일 걱정했던 건 야권 후보 단일화였습니다. 야당 표가 여당 표보다 딱 1만 표 많았죠. 그 패턴이 계속 이어져왔습니다. 물론 노무현 씨 성격상 이종찬 씨와 합친다는 건 상상하기 어려웠지만 그래도 만약의 상황을 우려했죠. 어떻게든 노무현 씨가 중도에 포기하지 않고 선거를 완주하도록 하는 게 첫 번째 목표였어요."

하지만 이날 노무현은 전례 없이 이명박을 비판했다.

"이명박 후보는 스스로 재계의 신화였다고 합니다. 재계의 신화라는 평가, 그거 노동자와 중소기업 쥐어짜내고 착취해서 얻은 거 아닙니까. 정권에 빌붙어서 정경 유착해서 얻은 거 아닙니까. 그리고 이 후보가 신화라면 정주영 씨는 천지창조, 그야말로 조물주입니다. 이 후보가 불도저라고요? 그런 말 마십시오. 저도 정치판에서 불도저 소리 좀 듣습니다."

이명박의 도덕성 문제도 집중 거론하기 시작했다.

"15대 국회에선 노태우 대선 자금 청문회가 열릴 게 뻔한데, 청문회 스타로 떠오를 사람이 국회로 가야 합니까? 아니면 노태우에게 준 뇌물에 대해 증언할 사람이 국회로 가야 합니까?"

'5공 청문회 스타'라는 본인의 이력을 부각하는 한편 이명박이 현대건설 회장 시절 석유비축기지 공사 수주와 관련해 노태우에게 제공했던 8억 1,300만 원 문제를 끄집어낸 거다.

"이 후보는 자신이 '서민 경제 전문가'라고 합니다. 그런 사람이 서초동 꽃마을 사람들이 철거되면서 이사 비용 좀 달라고 사정하는데도 외면하지 않았습니까? 그런 사람이 어찌 서민을 운

운할 수 있다는 말입니까."

이명박은 현재 서초동 법조타운 인근 땅 4필지 3,881제곱미
터를 1977년 집중적으로 매입했다. 현재 영포빌딩을 포함한 주
변 터다. 매입 때만 해도 평당 4,000~5,000원에 불과했던 보잘
것 없는 땅이었다. 도시 빈민들이 비닐하우스를 치고 무단 점유
를 했다. 사람들은 그곳을 '꽃마을'이라고 불렀다.

하지만 법원·검찰 이전 계획이 확정되면서 땅값이 춤을 추기
시작했다. 특히 1993년 서울시가 꽃마을 강제 철거에 나서는
등 법조타운 건설에 시동을 걸자 땅값이 평당 2,000~3,000만
원으로 치솟았다. 순식간에 강남권 최고 금싸라기 땅으로 변신
했다.《연합뉴스》1992년 12월 9일 기사를 보면 꽃마을 주민들
이 '지주' 이명박의 집을 찾아갔다는 내용이 소개된다.

9일 오후 6시께 서울 강남구 논현동 29 민자당 이명박 의원 집 앞
에서 철거 보상비 문제와 관련, 이 의원과의 면담을 요구하며 시위
를 벌이던 서울 서초구 서초동 꽃마을 주민 30여 명이 경찰에 전
원 연행돼 조사를 받은 뒤 풀려났다. 이들은 이날 "지금까지 남아
있는 40여 가구가 이틀에 한 번꼴로 구청 측에 의해 강제 철거되
고 있는데도 땅 주인들은 방관만 해왔다"면서 "서초동 꽃마을의
최대 지주인 이 의원이 나서서 적절한 보상을 받을 수 있도록 해
달라"고 요구했다.

물론 이명박은 이들의 요구를 거절했다. 이광재는 노무현의 '꽃마을 사람들' 이야기를 기억하고 있었다.

"바로 그 지점에서 이명박을 바라보는 노무현의 시각이 선명해집니다. 없는 사람, 가난한 사람에 대해 가혹한 인간, 자기 성취를 위해서라면 그런 사람들을 짓밟고 치부하는 인간……. 노무현은 기본적으로 그런 인간을 용서하지 못했죠."

"이명박! 이명박! 이명박!"

이명박이 연단에 섰다. 그는 '장학로 스캔들'부터 털어내야 했다. 실제 당시 언론에서는 장학로 사건이 총선만큼이나 관심사였다. 뇌물, 불륜, 이혼 등 온갖 자극적인 소재가 담겨 있었다.

"제가 어제 장학로 사건과 관련해서 김영삼 대통령과 전화 통화를 했습니다. 대통령께 싫은 소리 참 많이 했습니다. '이제는 정말 충성심만 있는 그런 썩어빠진 가신들을 데리고 나라를 다스려서는 안 됩니다'라고 했습니다."

과연 현직 대통령에게 그런 독한 말을 했는지 확인할 길은 없었다. 어쨌든 사람들은 "이명박이 세긴 세구나" 하면서 박수를 쳤다.

이명박은 노무현의 공격을 받아치지 않았다. 그의 상대는 노무현이 아니었다. 이종찬이었다. 육사 출신인 그의 이력을 꼬집었다.

"우리는 과거 군인 정치 시대에 청진동에서 해장국 먹으면서도 말조심을 해야 했습니다. 육사 출신들의 군림 시대가 끝난 만큼 경제 전문가를 종로의 대표로 만들어주셔야 합니다."

이종찬은 당시 합동 유세 때 이명박과 후보자 대기석에 같이 앉아 있는 동안에도 제대로 된 대화를 나눈 기억이 없다고 했다. 그래서인지 좋은 기억도 별로 없다고 했다.

"내가 이명박 씨하고 경주 이씨 종씨입니다. 항렬로 따지면 그 사람 내 손자뻘이에요. 그런데 그렇게 날 비난하더라고. 난 김영삼을 비난했으면 했지, 한집안 식구끼리 싸우고 싶지 않아서 이명박 이야기는 거의 안 했어요. 그런데 어찌나 치사하게 하던지……."

그는 훗날 이민우 전 신민당 총재와 나눈 대화도 소개했다. 이민우는 1985년 12대 총선 때 종로에서 함께 싸웠던 정적이었다.

"이민우 씨도 경주 이씨예요. 내 아들뻘이야. 그 사람은 1985년 선거 때 전두환을 욕하면 욕했지 나보고는 뭐라고 안 했다고. 그런데 이명박이 하는 짓을 보더니 '그건 사람도 아니'라고 하지 뭐예요."

이명박이 한창 연설을 하고 있을 때였다. 갑자기 연단 밑이 술렁였다. 이명박, 이종찬 유세단의 일원으로 보이는 남성들이 충돌했다. 이종찬 운동원들이 이명박 진영으로 넘어와 야유를 퍼붓고 이종찬을 연호한 게 화근이었다.

"개새끼들아! 저리 안 꺼져!"

"뭐라고 이 새끼야?"

처음엔 배로 상대를 밀어내는 작은 몸싸움을 벌이다 주먹과 발길질이 난무하는 큰 싸움판이 벌어졌다. 이미 양측 선거운동원들은 현장에서 몇 번 충돌한 터였다. 이종찬 후보의 불법 선거운동 행위를 촬영하던 이명박 측 선거운동원이 구타를 당해 전치 5주의 상해를 입는 일도 있었다. 선거는 그렇게 과열되고 있었다.

종이 위 전쟁터

4월 1일, 전국 모든 가정에 선거공보가 발송됐다. 동네 골목에는 그 지역 후보들의 얼굴 사진이 담긴 포스터가 부착됐다. 종로 역시 마찬가지였다. 후보 아홉 명의 포스터를 일렬로 늘어놓다 보니 멀리서도 쉽게 눈에 띄었다. 공간이 협소한 곳에선 두 줄로 붙여놓기도 했다. 동네 사람들은 포스터 앞에 잠깐 멈춰서 후보들 얼굴을 유심히 살펴보곤 다시 어디론가 걸어갔다.

'진실한 사람, 올바른 정치 3. 노무현'

5공 청문회에서 보여줬던 활약, 3당 합당에 따라가지 않았던 소신, 낙선이 불 보듯 뻔한데도 두 번씩이나 부산 출마를 감행했던 지역주의 극복에 대한 의지……. 노무현의 행보를 아는 사람들이라면 더 구체적인 설명이 없더라도 그의 이력을 알 수 있는 문구였다.

'이젠 이명박입니다! 1. 이명박'

이명박은 단순했다. 물갈이에 대한 의지를 담았다. 후보의 이름을 두 번이나 언급한 건 이례적이었다. 재밌는 건 '신한국당'이란 당명의 크기다. 오른쪽 상단 구석에 아주 조그맣게 배치했다. 정부 여당 인기가 바닥을 기는 상황에서, 당 대신 사람을 봐달라는 의도였다.

두 차례 발송된 선거공보에서도 노무현과 이명박은 달랐다. 노무현은 살아온 이력과 정치 그 자체에 집중했다. 왜 정치를 시작했는지, 어떻게 정치를 해왔는지, 왜 현실 정치에서 좌절했는지를 설명한 뒤 '정치 교체'의 당위성을 역설했다. "먼저 정치를 바꿔야 합니다. 종로가 바뀌면 한국 정치가 바뀝니다"라고 했다.

노무현은 지역 발전과 관련한 구체적인 청사진이 없었다. 갑작스럽게 종로에 출마한 탓이었다. 하지만 그런 게 있다고 해도 국회의원이 그걸 해낼 권한이 없다는 걸 잘 알고 있었다. 1992년 선거에서도 그걸 알았기에 거짓말을 하지 않았다. 노무현은 "아직도 지역 발전 타령입니까? 이제는 유권자를 속이려 해선 안 됩니다"라고 했다. 이명박을 겨냥한 말이었다.

노무현은 "지난 16년간 지역 발전을 내세우며 표를 몰아갔지만 무엇을 얻었느냐"며 "결국 모두 거짓말이었는데도 또 다시 지역 발전 공약이 판을 치고 있다"고 했다. 그러면서 "의정 보고서 발송, 가게마다 돌린 벽시계, 지역구 관리, 경조사비, 전화 홍보비 등으로 1년에 수억 원씩 쓴다면 그 돈이 과연 어디서 나오는 것이겠냐"며 "정치는 재벌처럼 돈을 잘 버는 재주가 필요한 게 아니라 있는 돈을 어떻게 효과적으로 쓰느냐의 문제"라고도 했다.

노무현은 또 '종로 국회의원은 이래야 한다'면서 이명박을 조목조목 비판했다.

70, 80년대는 독재와 부정부패의 시대였습니다. 그 시대 우리나라 재벌 기업들은 뇌물 주고 특혜받아 치부했습니다. 그것을 '신화'라고 이야기합니다만 그 결과가 수천억 원의 비자금, 법정에 선 대통령들과 재벌 총수, 그리고 성수대교의 붕괴입니다. 그 시대에 대통령에게 억대 뇌물을 갖다 바치고 수백억 원의 재산을 모은 재벌 회사 사장이 국회의원이 된다면 정치가 깨끗해질 수 있겠습니까? 정치와 돈은 함께할 수 없습니다.

노무현은 "경제인은 정치를 해서는 안 된다고 했다가 이제는 경제를 알아야 정치를 할 수 있다고 한다"는 말로 이명박의 과거를 비판했다. 1992년 이명박이 "정주영 회장에게 '재벌이 정치를 해서는 안 된다'고 세 번이나 만류했었다"고 했던 걸 꼬집은 거다. 또 이명박의 '서민론'에 대해서도 "어렵게 자랐다고 다

서민의 편은 아니"라고도 비판했다.

이명박의 선거공보는 첫 장부터 마지막까지 '경제', '개발'로 가득하다. 슬로건부터가 아예 "이명박은 '경제'입니다"다. 그는 "정치보다 경제에 치중할 때"라면서 "민주화가 됐고 정치 상황이 바뀐 만큼 경제를 아는 정치가가 필요하다"고 했다. 특히 그는 선거 유세 때도 공개한 적이 있는《종로2000 개발 연구 보고서》를 전면에 앞세웠다.

서울 25개구 중에서 도시가스 보급률 25위, 주택 건축률 24위, 자가 주택률 24위……. 정치 1번지 종로의 슬픈 모습에 그는 몸이 달아 있습니다. 그의 정책 연구실에서 펴낸《종로2000 개발 연구 보고서》가 이를 증명합니다.

실제 이 보고서는 지역개발에 대한 기대 심리를 한껏 자극했다. 동네에선 "이명박이 종로 국회의원이 되면 현대건설을 통해 재개발, 재건축을 본격적으로 시행할 것"이란 입소문이 돌았다. 그런 허무맹랑한 말에도 사람들이 흔들릴 만큼 당시 종로는 서울의 중심이란 말이 무색하게 낙후돼 있었다.

이 보고서 작성을 주도한 사람은 김유찬이었다. 훗날 이명박 낙마의 주역이 되는 그가 당선 공신이기도 했던 셈이다. 김유찬은 "당시 전화 홍보팀을 운영하면서 파악한 종로 주민들의 니즈는 오로지 지역개발이었다"고 기억했다.

"친구 중에 건축사가 있었어요. 종로구 각 지역의 현황을 건네면서, 동네별로 지역 발전 청사진을 만들어달라고 했어요. 나중에 친구에게 건네받았는데, 정말 눈이 휘둥그레질 정도의 발전 방안이 담겨 있더군요. 실현 가능성을 떠나서 그 계획 자체는 정말 훌륭했어요. 바로 책자를 만들어서 온 동네에 뿌렸지요. '역시 이명박이구나!' 하는 찬사가 여기저기서 터져 나왔습니다. 정작 이명박 씨는 아무것도 한 게 없었는데 말이죠."

이명박 선거공보 중에서 제일 눈길이 가는 부분은 선거사무소 위치와 연락처를 기재해놓은 부분에 적힌 문구다.

이명박 선거운동 사무실로 한번 와보십시오. 그곳에는 깨끗함, 정직함, 겸손함이 배어 있습니다. 조직 가동비, 당원에 대한 금전 살포, 기부행위……. 없습니다. 이명박 사무실은 전혀 없습니다. 깨끗한 정치, 소신 있는 정치를 보시려거든 이곳으로 오십시오.

합동 연설회 2

—

두 번째 합동 연설회는 4월 7일 오후 2시 효제초등학교에서 열렸다. 3,000여 명의 청중이 몰렸다. 사전 추첨을 통해 이종찬이 첫 번째, 이명박이 두 번째, 노무현이 일곱 번째로 연설했다. 양강 후보의 발언 순서가 맨 앞이었다. 노무현에겐 지극히 불리했다. 두 후보 발언이 끝나면 그들의 박수 부대가 썰물처럼 빠져나갈 게 뻔했다. 잠시 후 그런 우려는 현실이 됐다.

"이종찬! 이종찬!"

"우우~"

환호와 야유의 뒤섞임 속에 이종찬이 등장했다. 이종찬은 여전히 이명박도, 노무현도 아닌 김영삼과 싸웠다.

"이번 선거는 김영삼 3년 실정에 대한 중간 평가입니다. 2중대, 3중대가 아닌 YS가 가장 두려워하는 정통 야당에 표를 몰아줘 현 정권의 독주를 막아야 합니다."

그는 대선 자금 문제도 끄집어냈다.

"노태우 씨로부터 단 한 푼도 안 받았다는 김 대통령 발언은 단군 이래 최대의 거짓말입니다. 김 대통령이 한 푼도 안 받았다고 믿는 사람은 신한국당에 표를 주고 그렇지 않은 사람은 정통 야당인 국민회의에게 표를 주십시오."

선거를 나흘 앞둔 시점이었다. 이명박도 이날만큼은 지역개발 공약 대신 이종찬에 대한 맹공을 퍼부었다.

"이 지역 어느 야당 후보, 누구라곤 하지 않겠습니다. 선거 때만 되면 호남인들에게 표를 구걸합니다. 그런데 그 사람, 김대중 씨에게 사형 선고 내렸던 정권에서 요직 차지했던 사람 아닙니까."

이명박은 이종찬의 중앙정보부 경력도 들춰냈다.

"이제 공작 정치의 노하우를 가진 정치인은 필요 없습니다. 암울했던 70년대, 독재 정권의 정보기관에서 일했던 사람은 필요 없습니다. 이런 구정치인은 21세기가 오기 전에 청산돼야 한다고, 저는 확신을 갖고 있는 것입니다."

역시 환호와 야유가 뒤섞였다. 이종찬은 이명박의 연설까지 듣고 자리를 떴다. 그가 나가자 그의 박수 부대도 자리를 떴다. 연단에서 내려온 이명박은 남은 후보들과 악수를 한 뒤 역시 연설회장을 나갔다. 이명박의 박수 부대도 그를 따랐다. 사회자가 "끝까지 자리를 지켜달라"고 했지만 소용없었다. 노무현이 연설을 시작했을 때 운동장에 남은 청중은 1,000명도 채 되지 않았다. 《한겨레》 4월 8일자는 당시 모습을 전하며 "노무현 후보만 쓸쓸히 후보자 대기석을 지켰다"고 묘사했다.

노무현은 연단에 오르자마자 이명박을 향해 맹공을 가했다.

"전직 대통령에게 뇌물을 주면서 '신화'를 이룬 이명박 후보야말로 노태우 씨와 함께 법정에 서야 합니다. 그리고 한번 보십시오. 요즘 종로는 당선만 되고 보자는 진흙탕 같은 불법 선거운동이 판을 치고 있잖습니까. 자기 저서를 유권자들에게 마구 뿌리고 있습니다. 이렇게 돈으로 모든 걸 해결하려는 후보, 구민들이 단호하게 표로 심판해주십시오!"

노무현은 '정통 야당 후보론'을 다시 폈다. 이미 이명박과 자신의 2파전으로 좁혀진 만큼 이종찬 대신 자신에게 표를 몰아달라고 호소했다. 물론 사실이 아니었지만 선거 공학적으로 선거 막판 그가 공략할 수 있는 유권자층은 호남 사람들이었다.

"이종찬 후보가 누굽니까. 과거 군사 정권에 몸을 담았던 사람입니다. 호남 표를 달라고 하지만 과거 전력으로 볼 때 너무 뻔뻔한 사람입니다. 정권 교체와 야당 통합을 위해 저에게 마지막 힘을 모아주십시오!"

자민련 김을동 후보도 이날 발언 순서가 뒤쪽이었다. 때문에 후보자 대기석에 노무현과 한동안 같이 앉아 있었다. 그는 2011년 펴낸 자전적 에세이 《김을동과 세 남자 이야기》에 합동 연설회에서 있었던 일화 하나를 담았다. 그는 노무현이 "다른 정치인들과는 달리 참 순박했던 모습이 인상적이었다"고 회상했다.

합동 유세 현장에서 후보자들이 쭉 앉아 자신의 유세 순서를 기다리고 있었는데, 노무현 후보가 나에게 물었다.
"후보님 연설문을 누가 써주세요?"
그의 점잖으면서도 구수한 사투리가 참 정감 있게 들렸다.
"제가 직접 씁니다."
"저도 제가 직접 씁니다만 김을동 후보님 연설을 들을 때마다 참 감동적입니다."
내가 성우 출신이라 발음이 정확해서 의사 전달이 잘 되는 것뿐이라고 대답했다. 그러고는 노무현 후보의 연설문도 훌륭하며 사투리만 좀 줄이면 내용 전달이 더 잘될 거라고 서로 칭찬했던 기억이 난다.

후보들은 합동 연설회를 끝내고 곧바로 거리 유세전에 나섰다. 이명박은 '끌고 나온' 박수 부대와 함께 창신동에서 동대문을 거쳐 동숭동, 명륜동까지 거리 행진을 벌였다. 이들은 이명박의 이름을 연호하면서 야당식 세몰이 유세를 폈다.《한겨레》는 4월 9일, 7일 합동 연설회 직후 자정까지 이어진 빅 3 후보들의 유세 장면을 르포 기사로 다뤘다.

오후 6시께 이명박 후보 일행이 동숭동 주택가를 지날 무렵 한 아주머니 운동원이 핸드 마이크로 "종로 발전 이명박, 밀어주자 이명박"을 선창하자 뒤따르던 운동원이 "기호 1번 이명박"으로 화답하며 분위기를 돋웠다. 동숭동 주택가 제과점에서 만난 50대 초반의 한 아주머니는 "그동안 종로가 발전한 게 무엇이 있느냐. 나는 교회에 나가는데 교우들에게 이 후보를 찍어주라고 전화하고 있다"고 말했다. (중략) 이 후보가 아남아파트를 거쳐 오후 6시 30분께 개인 연설회장인 명륜동 시장 앞에 도착했을 때 이곳에서 선거운동을 하던 민주당 노무현 후보와 우연히 마주쳤다. 두 사람은 "수고하십니다"라고 가볍게 인사를 나누고 지나쳤다.

노무현은 이명박처럼 유세할 수 없었다. 역시 돈 때문이었다. 선거운동원들 대부분은 잠깐 왔다 일 봐주고 가는 자원봉사자들이었다. 이광재의 말이다.

"노무현 캠프 상주 직원은 몇 명 되지도 않았는데 자원봉사자들은 미어터지게 몰렸어요. 상명대 여학생들도 자원봉사를 나왔는데, '노무현에게 투표해주십시오'라고 손 편지를 1만 5,000장이나 써서 동네 집집마다 우편함에 넣어놓고 가고……. 왜 그랬는지 아세요? 우편요금이 없으니까. 하하."

노무현 캠프의 '편지 선거운동'은 기사화되기도 했다.《중앙일보》4월 5일자 기사의 일부분이다.

"저는 A대 김○○예요. 민주당 노무현 후보를 돕는 자원봉사자랍니다. 제 호출 번호는 015-301-13××입니다. 연락주세요." 부재자투표가 시작되기 직전인 2, 3일 노 후보의 여대생 자원봉사자들이 호출 번호까지 알려주며 일제히 '편지'를 발송했다. 종로 군인 유권자를 대상으로 총 3,700통, 노 후보가 막판 비책으로 내놓은 전략이다. 유권자의 2.5퍼센트밖에 안 되지만 1퍼센트차로 당락 여부가 결정되는 살얼음판 종로 선거에서는 한 표도 아쉽다.

노무현은 4월 7일 2차 합동 유세 직후 개인 유세를 돌았는데, 공교롭게도 이명박 유세 일정의 정반대 코스였다. 노무현과 이명박은 명륜동 시장에서 만나 다시 한 번 어색한 악수를 나누고 갈 길을 갔다. 계속해서《한겨레》4월 9일자 르포.

민주당 노무현 후보는 밑바닥을 훑는 두더지 작전을 펼치고 있었다. 노 후보는 5~6명의 운동원만을 데리고 아파트 지하상가와 음식점 등을 돌며 지지를 호소하는 '일대일 접촉 유세'에 중점을 두고 있다.

노 후보의 이날 유세 일정은 우연히도 신한국당 이 후보의 진로를 거꾸로 밟는 순서였다. 오후 6시 30분께 신한국당 이 후보와 명륜동 시장에서 마주친 노 후보는 걸어서 이 후보가 10분 전에 연설을 하고 떠난 아남아파트에 도착했다. 노 후보는 이 후보가 연설을 했던 똑같은 장소에서 타이탄 트럭을 개조한 연단에 올라 "나는 금배지를 위해 가야 할 길을 마다한 적이 없다. 깨끗한 정치를 위해 밀어달라"고 호소했다. 노 후보의 연설이 진행되는 동안 아파트 단지 안의 몇몇 젊은이들이 창문을 열고 "옳소" 하며 지지를 보내는 모습도 눈에 띄었다.

성균관대 입구의 한 분식집에서 50대 중반의 주인아주머니가 "고생한다"며 기름을 친 날계란을 건네주자 노 후보는 매우 고무된 표정을 지었다. 이 아주머니는 "노 후보가 젊고 패기와 소신이 있어 지지한다"고 말했다. (중략) 노 후보는 "오늘 합동 유세로 전세가 완전히 역전됐다"고 자신감을 나타냈다.

이종찬의 이날 저녁 유세는 중앙 정치권의 이목을 집중시켰다. 국민회의 김대중 총재가 직접 선거 유세장을 찾았던 거다. 앞서 이희호를 두 번이나 종로에 '파견'했던 김대중이었다. 그래도 마음이 놓이지 않자 직접 찾은 거였다. 이종찬에겐 천군만마였다. 호남 표 공략에 가장 큰 걸림돌은 그의 과거 경력이었다. 아무리 지금은 김대중의 최측근 중 한 명이라고 해도 정서적인 거리감까지 어쩔 수는 없는 노릇이었다. 그런 상황에서 김대중의 행차는 절대자의 죄 사함 같은 의미였다. 이종찬은 이날 저녁 8시 창신초등학교 앞에서 김대중을 직접 맞았다. 다시《한겨레》.

'김대중', '이종찬'을 연호하는 함성이 어두운 밤하늘을 찌르고 있었다. 국민회의 이종찬 후보의 정당 연설회장은 밤 시간인데도 운동장을 가득 채운 청중들이 내뿜는 열기로 후끈 달아오르고 있었다. 이 후보 쪽에서는 청중 숫자에 고무돼 "그동안 조용히 숨어 있던 표들이 다 쏟아져나왔다. 선거는 이제 끝났다"며 흡족한 표정을 지었다.
지원 유세를 위해 등단한 김대중 총재는 "이 후보는 가장 확실한 이 나라의 차기 지도자"라고 치켜세웠다. 이 후보는 김 총재의 연설이 끝난 뒤 트럭을 개조해 만든 무개차에 김 총재와 함께 타고 500미터 가량 행진한 뒤 지지자들과 함께 창신동 일대 순회에 나섰다.

이종찬은 4월 7일 밤 김대중과 함께 했던 창신초교 유세를 또렷하게 기억하고 있었다.

"호남이 결집하는 분수령이 됐던 유세였어요. 정말 열광적인 유세였지. DJ는 종로 선거 결과가 자신의 정계 복귀에 대한 평가와 직결된다고 생각했어요. 때문에 나만큼이나 절박했던 거 같아요."

《한겨레》는 "각 당이 사활을 걸고 이전투구를 벌이는 종로는 정치 1번지이기 전에 그야말로 이번 선거판의 급소에 해당하는 곳임을 실감하게 했다"는 말로 기사를 마무리했다.

한계

4월 8일 방송된 〈MBC 뉴스데스크〉에선 종로 유세 현장을 다룬 리포트가 방송됐다. 기자는 "신한국당과 국민회의는 선거를 사흘 앞둔 현재까지도 종로의 판세에 대해 경합이라는 꼬리표를 붙여놓고 있다"고 했다. 실제로도 선거 중반을 넘어가면서부터는 2강(이명박·이종찬) 1중(노무현) 구도였다. 호남 표가 결집하면서 1강(이명박) 2중(이종찬·노무현)이던 1월 여론조사 때와는 분위기가 바뀌었던 거다.

기자 : 이명박 후보 진영은 지역개발에 대한 주민들의 호응도가 높아 지금까지의 추세가 그대로 유지된다면 당선될 것으로 확신하고 있습니다. 반면 이종찬 후보 진영은 현 정권에 불만을 품고 있

으면서도 침묵을 지키고 있는 유권자들이 투표 당일에 표로 말할 것이라며 승리를 자신하고 있습니다.

이명박 후보 : 아주 박빙의 차이로 이기든지 그렇지 않으면 예상외로 상당한 차이로 이기든지 저는 그렇게 생각합니다.

이종찬 후보 : 여론조사라는 것은 허수의 놀이다, 왜냐하면 대답을 안 해요, 우리 야당(지지자들)은. 야당 사람들한테 누구 지지하느냐고 물어보세요. 어떻게 대답을 합니까.

기자 : 노무현 후보는 현 시점에서 신한국당의 이명박 후보를 자신의 경쟁자로 선정하고 이 후보 공격에 주력하고 있습니다.

노무현 후보 : 일주일 전 유세 날 제가 이종찬 후보를 앞질렀고…….

선거운동 마지막 날이 왔다. 4월 10일 아침 해가 뜨자마자 이명박은 동망산 공원을 찾아 운동을 나온 시민들과 인사를 시작으로, 밤 11시까지 관내 21개동을 훑었다. 1개동을 40여분 간격으로 쪼개 돌았다. 특히 특수 제작한 무개차 흰색 코란도를 타고 다녔는데, 차가 지날 때마다 사람들의 시선이 몰렸다.

이명박은 '집토끼'는 잡아놨다고 판단했다. 여당 우세 지역인 삼청·평창동 같은 부촌은 따로 돌지 않았다. 대신 '산토끼'를 잡으러 다녔다. 도시 빈민이 밀집한 창신·숭인동 일대에 집중했다. 마지막 유세 일정도 그곳에서 마무리했다. 특히 '종로구민' 이회창 선대위 의장이 심야 유세에 합류해 이명박과 함께 창신·숭인동 일대를 돌았다.

노무현의 마지막 날 유세는 오전 10시부터 시작됐다. 잠깐 지역을 돌고, 정오쯤 종로 제일은행 본점 앞에서 열린 '민주당 투표 참여 호소 대회'에 참석했다. 당 지도부와 서울 지역 출마자들이 모두 모였다. '높은 투표율'은 노무현과 민주당의 고민이었다. 청년층 지지를 기반으로 하는 그들에게 높은 투표율은 선거 승패를 가르는 핵심 관건이었다. 3김이 사활을 걸고 승부를 벌이는 와중에 민주당이 표를 받을 곳은 3김 청산을 바라는 '수도권 2030'뿐이었다. 이들이 투표소에 미친 듯이 쏟아져 나와야 했다. 노무현은 3김 청산을 다시 한 번 목 놓아 외쳤다.

"내일은 3김 씨의 부정부패를 심판하는 날이 될 것입니다. 총선 후에 민주당은 '3김 청문회'를 개최해서 그들이 얼마나 썩었는지, 낱낱이 공개할 것입니다. 그들의 부정부패를 고발할 수 있도록 민주당에 힘을 모아주십시오!"

그는 행사가 끝나고 다시 동네를 돌았다. 특히 이날 유세에는 많은 연예인 도우미가 함께했다. 가수 정태춘·김정수, 개그맨 이성미가 그들이었다. 정태춘과는 1988년 '부산시민 새해맞이 대동굿'에서 처음 알게 됐다. 노무현은 이후 정태춘이 공연윤리위원회의 예술 작품 사전심의제도 폐지 운동을 벌일 때 힘을 보탰다. 나중에 정태춘은 사전심의제도 위반으로 기소가 되기도 했는데, 변호인으로 천정배를 소개해주기도 했다. 이성미의 경우, 1992년 대선 당시 '물결유세단'에서 함께했던 인연이었다.

노무현은 이들과 함께 자전거를 탔다. 그들은 '깨끗한 민주 후

보 노무현 승리 행진'이라는 현수막을 달고 달렸다. 가다가 사람
들이 모이면 멈춰서 연설하고, 또 달리고 연설하고, 그런 식이었
다.《연합뉴스》4월 10일자 보도에는 "노무현 후보는 한국에도
'링컨의 신화'가 있음을 보여주자고 역설했다"고 돼 있다. 아쉽
게도 선거 전날 그의 마지막 유세 내용이 무엇이었는지는 남은
기록이 없다.

마지막 날 마지막 유세에서 노무현은 왜 하필 링컨을 언급
했던 걸까. 노무현은 생전 존경하는 사람으로 링컨을 꼽았다.
2001년에는《노무현이 만난 링컨》이란 책도 냈다. 노무현은 링
컨의 삶이 자신의 삶과 닮았다고 생각했다. 가난, 인권 변호사,
계속된 낙선……. 그리고 두 사람은 한국과 미국의 제16대 대통
령이란 점도 같았다. 그럼에도 결국에는 링컨이 승리자가 되고
역사에 남는 대통령이 됐듯, 자신에게도 그런 기적을 허락해달
라고 호소하지 않았을까 싶다.

앞서 지적했듯 노무현은 1월 종로 출마 선언 때만 해도 이명
박, 이종찬을 사정거리에 둘 만큼 여론 지표가 괜찮았다. 그런
분위기는 지역을 돌면서도 느낄 수 있었다. 하지만 3월부터 추
격세를 잃고 '1중'으로 분류되기 시작했다는 게 당시 캠프 관계
자들의 공통된 기억이다.《바보, 산을 옮기다》에는 종로의 공기
가 갑자기 달라진 모습을 소개하는 장면이 나온다.

선거가 중반을 넘어 막바지로 치닫자 분위기가 달라졌다. 피부로

느낄 수 있었다. 골목 안으로 들어서면 사람들을 만나기 어려웠다.

"이번에는 미안합니다. 어쩔 수 없습니다."

마주치는 호남 사람들의 이야기였다.

처음만 해도 노무현에게 호감을 보였던 종로 호남향우회는 막상 선거가 닥치자 빠르게 이종찬으로 결집했다. 동교동이 직접 챙겼다. 아무리 노무현인들 그 앞에서는 백약이 무효했다. 그만큼 종로 선거는 김대중에게도 중요했다. 김대중은 4월 7일 창신초등학교 유세에서 이종찬을 옆에 세워두고 이런 말까지 했다.

"여기 있는 이종찬 후보를 당선시키는 것은 이 김대중이를 당선시키는 것이요, 이종찬 후보를 떨어뜨리는 것은 김대중이를 떨어뜨리는 것과 같다는 말씀을 감히 드리는데, 동의하십니까? 여러분!"

노무현은 '종로의 영남 표'를 받을 수 있었던 것도 아니다. 부산·경남은 여전히 김영삼을 버릴 수 없었다. 대구·경북은 지역 출신 이명박으로 똘똘 뭉쳐 있었다. 계속해서《바보, 산을 옮기다》의 한 토막.

그래도 큰길에서 유세하면 사람들이 많이 모였다. 종로에서 유세를 한 뒤, 차에서 내려 사람들과 악수를 나누었다. 그중 한 사람이 말했다.

"열심히 하소! 내 부산 출신입니다."

노무현이 반색하며 손을 잡고 물었다.

"고맙습니다. 종로 어디 사십니까?"

그 사람은 멋쩍은 웃음을 지으며 대답했다.

"내는 송파 삽니다."

속에서 '아하, 틀렸구나!' 하는 탄성이 나왔다. 그는 어렵겠다는 판단을 했다.

디데이

—

아침부터 참 맑았다. 춥지도 덥지도 않았다. 놀러가기에 딱 좋았다. 4월 11일은 낮은 투표율을 걱정해야 할 만큼 좋은 날씨였다.

"아이고, 아침부터 수고 많으십니다."

오전 8시 30분쯤이었다. 투표장에 가장 먼저 모습을 드러낸 건 이명박이었다. 그는 부인 김윤옥과 함께 미리 와 있던 취재진을 향해 손을 흔들며 아는 척을 했다. 투표소는 부암동에 소재한 한 사찰. 선거기간 동안 종교 편향 논란을 빚었던 그에겐 다소 반갑지 않은 장소였다.

"유권자들이 지역감정에 흔들리지 않고 현명한 판단을 내려줄 거라고 저는 확신하고 있습니다. 글쎄요, 승리의 여신이 이미 우리 쪽으로 향하고 있지 않나 싶습니다. 하하."

이종찬은 그보다 두어 시간 늦은 오전 10시 15분쯤 청운동 동사무소에 나타났다. 부인과 딸 등 온 가족과 함께였다. 그는 "막판 상대 후보의 금권 선거가 기승을 부렸지만 유권자들의 현명한 판단을 기대한다"고 했다.

노무현은 전날 '총력 유세'의 피로감 때문이었는지 오후 1시쯤 창신3동 쌍용아파트 상가 투표소에 나왔다. 부인 권양숙, 아들 건호, 딸 정연이 함께했다. 이길 수 없음을 알지만 기적을 바라는 상황이었다. 기자가 물었다.

"오늘 선거 결과, 어떻게 전망하십니까?"

"진인사대천명의 자세로 유권자들의 현명한 판단을 기다리는 수밖에요. 정치 1번지 종로 유권자들의 조용한 대반란이 있을 것입니다. 낡고 부패한 정치인들에게 준엄한 심판을 할 겁니다."

노무현은 투표를 마치고 자택으로 돌아갔다. 기적을 바라지 않은 건 아니지만 패배를 예감하고 있었다. 그저 당선권과 너무 큰 차이가 나지 않기를 바랄 뿐이었다. 지더라도 잘 져야 다음을 기약할 수 있었다. 집에 돌아온 그는 항상 그랬듯 눈부터 붙였다. 중간에 잠에서 깨더라도 선거사무소에 나갈 생각이 없었다. 개표 방송은 집에서 볼 생각이었다. 패장의 모습을 주변에 보이고 싶지 않았다. 패배를 예감하고 있었다.

"자, 지금 오후 5시 59분 40초를 막 지나고 있습니다. 이제 아……. 투표가 곧 끝날 것 같은데요. 네……. 10여 초 정도 남았는데, 그럼 이제 카운트다운을 시작하겠습니다. 10, 9, 8, 7, 6, 5, 4, 3, 2, 1, 네, 신한국당의 압승입니다!"

충격적인 결과였다. KBS, MBC, SBS 등 지상파 3사는 "신한국당이 지역구와 전국구를 합쳐 175석, 단독 과반을 차지할 것으로 예상된다"고 발표했다. 오차를 감안해 최소, 최대 의석수를 밝히기도 했는데, '130~189석'으로 전망했다. 김영삼 정부 4년의 실정과 피로감, 또 선거 막판 터진 장학로 파문 등 각종 권력형 비리 사건으로 참패가 예상됐던 신한국당으로선 그야말로 경이적인 승리였다.

곧바로 각 지역구별 예상 득표율이 소개됐다. 서울 종로가 첫번째였다.

"먼저 서울 종로입니다. 이명박 후보 39.0퍼센트, 이종찬 후보 33.2퍼센트, 노무현 후보 22.2퍼센트입니다. 이명박 후보의 당선이 유력합니다."

《연합뉴스》는 이날 밤 9시 11분, 투표자 조사 발표 직후 종로 빅 3 후보 캠프의 모습을 스케치한 기사를 송고했다.

국민회의 이종찬, 민주당 노무현 후보와 박빙의 삼파전을 벌인 서울 종로의 이명박 후보 측은 여론조사 결과가 유리하게 나오자 텔레비전 앞에서 만세를 외치며 온통 축제 분위기. 이 후보 측은 "이번 선거는 종로구민들이 변화를 얼마나 갈구하는지를 여실히 보여줬다"며 벌써부터 선거 사무실 지하 1층에 마련된 선거 상황실로 당선 축하 전화가 밀려오고 있다고 설명. 그러나 이종찬 후보 측은 여론조사 대상이 특정 지역에 편중돼 개표 결과는 분명 다르게 나올 것이라며 자위. 이종찬 후보 측은 "이 후보 지지표가 몰려 있는 창신동, 숭인동 지역에서 긴급히 알아본 결과 여론조사에 응한 사람이 없는 것으로 나타났다"며 방송사들이 여론을 크게 오도하고 있다고 질타. 노무현 후보 측도 "일부 후보 기죽이는 여론조사 결과에 황당함을 금치 못할 뿐"이라며 노 후보가 40퍼센트의 득표율을 얻어 당선할 것이라고 주장.

지상파 3사는 저녁 7시가 넘어가자 1, 2위에만 집중하기 시작했다. 노무현은 프레임에서 사라졌다. 억울했지만 방송사를 탓할 순 없었다. 1, 2위와 격차가 너무 컸다. KBS 개표 방송은 이랬다.

"경합 지역을 중심으로 다시 한 번 지역구별 예상 득표를 알아보겠습니다. 서울 종로입니다. 이명박 후보 39.0퍼센트. 이종찬 후보 33.20퍼센트. 두 후보 간 격차는 5.80퍼센트로, 오차 범위 밖입니다."

방송사는 모두 약속이나 한 듯이 종로에 중계차를 보냈다. 물론 이명박·이종찬 캠프에만 보냈다. 노무현 캠프에는 중계팀이 오지 않았다. 언론사들도 어차피 종로는 3강 구도가 아님을 알고 있었다.

출구 조사 결과가 나가고 종로를 가장 먼저 연결한 건 SBS였다. 오후 6시 29분이었다. SBS는 이종찬 캠프에 카메라를 물리지 않았다. 이명박 캠프에만 연결이 돼 있었다. 앵커는 이명박에게 사실상 '당선 소감'을 물었다. 신중한 건 오히려 이명박이었다.

앵커 : 자, 그러면 서울 종로 연결해서 신한국당 이명박 후보와 이야기 나눠보겠습니다. 이명박 후보, 나와주시지요.

이명박 후보 : 예, 안녕하십니까. 이명박입니다.

앵커 : 이명박 후보, 투표자 조사 결과 이종찬 후보를 제치고 1위로 발표 됐습니다.

이명박 후보 : 글쎄, 좀 빠른 감은 있습니다만 종로구민에게 진심으로……

앵커 : 앞으로 당선을 확신하십니까?

이명박 후보 : 종로구민이 원하는 것을 볼 때 당선되지 않겠느냐, 저는 그리 생각하고 있습니다.

KBS 역시 곧바로 종로를 연결했다. KBS는 이명박·이종찬 캠프를 동시에 연결했다. 개표 방송 진행을 맡은 류근찬 앵커 뒤로 두 사람의 얼굴이 떴다.

앵커 : 투표자 조사 결과, 서울 종로 지역의 당선 예상자는 신한국당 이명박 후보인 것으로 나타났습니다. 즉, 당선 예상이 된다는 말씀입니다. 그러면 지금 종로를 연결해서 이명박 후보와 2위가 예상되는 국민회의 이종찬 후보와 직접 이야기 나눠보겠습니다.

먼저 이명박 후보! 출구 조사 결과 1위로 나왔습니다.

이명박 후보 : 방송국에서는 박빙이라고 합니다만, 저희는 크게 앞서는 것으로 확신하고 있습니다. 왜냐면 종로구민들이 변화를 생각하고 있기 때문입니다.

앵커 : 알겠습니다. 자, 그러면 이종찬 후보, 투표 결과 어떻게 예상하십니까.

이종찬 후보 : 선거 막바지에 상황을 반전시켜서 승세를 굳혔다고 생각합니다. 무엇보다 후보 우열에서 제가 월등하기 때문에 자신 있습니다.

저녁 7시쯤부터 개표가 시작됐다. 초반부터 이명박의 독주였다. 창신동, 숭인동을 제외한 다른 모든 지역에서 우세했다. 이명박은 개표 이후 단 한 번의 역전도 추격도 허용하지 않았다. 방송사들은 오후 9시쯤 접어들자 이명박 사진 앞에 '당선 유력' 마크를 붙였다. 이종찬은 벌어진 격차를 좀처럼 좁히지 못했다. 노무현은 저만치 뒤에 처져 있었다. 김유찬도 당시를 기억했다.

"그날 개표 방송을 지켜보면서 일희일비했던 기억이 납니다. 개표 방송 초기에 압도적 우위에도 불구하고 이른바 절대 열세 지역이던 창신동, 숭인동 결과가 불투명했기 때문에 끝까지 안심을 못했죠. 몰표가 쏟아질 수도 있는 노릇이었으니까요. 방송에서 당선 유력, 확실이라고 했지만 그래도 완전히 마음을 놓기 어려웠습니다."

밤 10시쯤 접어들자 방송사들은 앞다투어 '당선 확실'을 띄웠다. 이명박은 그제야 당선을 확신했다. 자리에 일어나 환호하는 지지자들과 함께 만세를 불렀다. 부인 김윤옥과 얼싸안자 지지자들의 함성 소리는 더 커졌다. 현장에 나와 있던 방송사 중계팀의 인터뷰 요청이 쇄도했다. 이명박은 이렇게 말했다.

"저의 승리는 변화를 바라는 종로구민들의 승리인 것입니다. 경쟁 후보의 근거 없는 흑색선전으로 그동안 쌓아왔던 저의 이미지가 실추되는 것이 정말로 가슴 아팠습니다. 그러나 유권자들의 현명한 판단으로 다시 금배지를 달게 됐습니다. 선거기간 동안 제가 약속했던 대로 서민 경제의 활성화와 지역 발전을 위해서 최선의 노력을 다하겠습니다."

이종찬은 끝까지 포기하지 않았다. 그런 이명박의 당선 인터뷰를 캠프에서 지켜보면서도 자리를 뜨지 않았다. 막판 대역전을 기대했다. 그도 그럴 것이 종로에서만 내리 4선이었다. 당적을 바꿔 호남 표까지 안을 수 있었다. 선거 공학적으로도 떨어지려야 떨어질 수 없는 상황이었다. 그랬던 그가 자정이 가까워오자 자리를 털고 일어났다. 물리적으로 뒤집기 어렵다는 계산이 나왔을 때였다. 꿈같은 일을 현실로 받아들이기로 결정했다. 《연합뉴스》는 그 장면을 이렇게 묘사했다.

이종찬 후보는 자정이 가까워지면서 표차가 더욱 벌어지자 모든 것을 체념한 듯 "하늘의 뜻에 따라야지"라는 말을 남기고 선거 사무실을 떠났고 선거운동원들도 뒤따라 차례로 자리를 뜨는 모습.

이종찬은 당시를 이렇게 떠올렸다.

"내가 그날 늦게까지 패배를 인정할 수 없었던 건 뭘까……. 숨은 야당 표가 있을 줄 알았던 거죠. 난 정말 이길 줄 알았어요."

그렇다면 같은 시간 노무현은 어디에서 무엇을 하고 있었을까. 역시 노무현 캠프에 나가 있던 《연합뉴스》 기자는 현장 상황을 이렇게 전했다.

'유권자의 대반란'을 장담했던 민주당 노무현 후보는 14대에 이어 15대에서도 국회 진입에 실패하자 어디론가 종적을 감춘 채 지구당 사무실과 연락을 끊은 상태. 종각에 마련된 노 후보 선거 사무실은 노 후보의 낙선이 완전히 굳어진 자정을 전후해 운동원들도 모두 퇴근, 선거운동 기간 중 활기로 넘쳐흘렀던 모습과는 극히 대조적.

그날 선거 캠프에 있었던 이광재는 당일 노무현의 동선을 정확히 기억하지 못했다. 다만 분명한 건 《연합뉴스》 기사처럼 그가 선거 캠프에 나오지 않았다는 점이다.

"정확히는 기억 안 나는데 아마 댁에 계셨을 거예요. 낙선을 직감하고 일부러 안 나오셨던 거죠. 당장 그 순간엔 저도 '이 짓을 계속해야 되나' 싶었는데, 본인은 오죽했겠어요."

투표가 완료된 건 이튿날인 4월 12일 새벽 3시쯤이었다. 총 투표수 9만 9,365명 중 노무현은 1만 7,330표를 얻었다. 득표율 17.66퍼센트. 노무현이 정치를 시작한 이래 받아든 최악의 성적표였다. 이후 대통령이 될 때까지도 그의 선거사에서 10퍼센트대 득표라는 건 없었다. 지역주의의 제물이 됐던 부산 선거에서도 맛보지 못했던 처참함이었다. 그렇다고 부산에서처럼 명분 있는 패배랄 수도 없었다. 서울에서의 낙선은 지역 구도 타파를 위해 장렬히 산화했다고 말할 수 있는 성질의 것이 아니었다. 이명박은 4만 230표로 41.0퍼센트, 이종찬은 3만 2,918표(33.55퍼센트), 김을동은 6,602표였다.

노무현만큼이나 민주당도 그랬다. 말로 형언할 수 없을 지경의 참패였다. 존망의 갈림길에 섰다. 확보한 의석이 지역구 9석을 포함해 고작 15개였다. 원내교섭단체 구성에 실패했다. 장을병 대표, 이중재 공동 선대위원장을 제외하고 지도부가 몰살됐다. 이기택은 부산 해운대에서, 김원기는 전북 정읍에서 낙선했다. 전략 지역으로 당세를 집중했던 서울 강동의 이부영과 경기 시흥의 제정구만 살아남았고, 이철, 박계동, 원혜영, 유인태 역시 고배를 마셨다.

반면 신한국당은 지역구 122곳에서 승리했다. 전국구를 합쳐 139석을 확보했다. 당초 지상파 방송사들이 예측했던 175석에 크게 못 미치는 결과였다. 개표가 시작되자 투표자 조사 결과와 실제 개표 결과가 뒤바뀌는 곳이 속출했다. 여소야대 구도가 됐다. 하지만 '만년 야당'이었던 수도권에서의 대승은 값진 것이었다. 국민회의는 79석(지역구 66석), 자민련은 50석(지역구 40석)이었다.

어쨌든 선거는 끝났고 유권자의 선택을 받아들여야 했다. 그렇게 1996년의 종로 대전은 노무현에게는 쓰라린 패배를, 이명박에게는 장밋빛 미래를 안기며 막을 내리는 듯했다.

4부
엇갈린 운명

50대 기수론

—

7,312표. 이명박과 이종찬의 표차다. 재밌는 건 이명박 캠프는 딱 이 정도 표차를 진작부터 예상하고 있었다는 거다. 이명박 캠프는 1995년 말부터 이명박과 이종찬 외에도 종로 출마설이 돌던 사람들을 집어넣어서 몇 차례 여론조사를 돌린 결과, '야권 후보 단일화만 없다면 이명박이 7,000여 표 차이로 이긴다'는 결론을 내린 상태였다고 한다. 그 결론에 대한 김유찬의 설명은 이렇다.

"그때까지만 해도 역대 종로 선거를 보면 일정한 패턴이 보였어요. 야당 표가 여당 표보다 정확히 1만 표 정도 많았습니다. 노무현 씨가 1만 7,000표를 가져갔잖아요? 이명박 씨와 이종찬 씨 표차가 7,000표였습니다. 딱 노무현 씨가 가져간 만큼 이종찬 씨가 진 거죠."

이명박 캠프는 선거 결산 보고서를 만들었다. 이 보고서 집필은 김유찬이 주도했는데, 〈종로 리포트〉란 제목의 보고서였다. 그는 보고서에서 "우리 캠프의 여러 문제점에도 불구하고 선거를 승리로 이끌 수 있었던 원인은 단 하나였다"고 분석했다.

"노무현 씨입니다. 그게 첫 번째고, 두 번째고, 세 번째입니다. 이명박 씨는 2030 유권자층 지지율이 낮았습니다. 그게 최대 약점이었어요. 가만 놔뒀으면 다 이종찬 쪽으로 갈 표였죠. 그런데 노무현 후보가 등장하면서 그걸 쓸어간 겁니다. 이명박 씨의 약점을 노무현 씨가 상쇄해준 거죠. 묘하지 않습니까? 노무현은 나중에 대한민국 대통령이 됩니다. 또 이명박은 그다음 대통령이 되고요. 운명이란 알다가도 모를 일입니다."

이명박의 위상은 하룻밤 사이에 달라져 있었다. 1992년 전국구로 처음 배지를 달았을 때만 해도 재계에서 얻은 평가를 믿고 까불던 '풋내기 초선'이었다. 겨우 재선이 된 거였지만 정치 1번지에서, 그것도 야당 4선 중진을 꺾었다. 똑같이 재선 의원이 된 형 이상득(경북 영일·울릉)은 비할 바가 아니었다.

이명박의 위상은 4월 19일 저녁에 열린 청와대 만찬에서도 확인됐다. 김영삼 대통령은 청와대 영빈관에 신한국당 국회의원 당선자들을 부부 동반으로 초청했다. 집권 4년차, 모두가 최악의 참패를 예상했지만 김영삼은 그야말로 뒤집기 한판을 이뤄내고 승리를 자축했다.

김영삼은 저녁 6시 30분, 만면에 미소를 머금고 만찬장에 입장했다. 당선자 내외는 일렬로 도열해 대통령 내외를 맞았다. 김영삼은 한 사람 한 사람에게 악수를 건네며 노고를 치하했다. 김영삼은 "선거를 승리한 데는 무엇보다 내조의 힘이 컸던 것 같다"면서 당선자들의 아내를 치켜세웠다.

이날 만찬은 칼국수가 아니었다. 사골우거지국과 멸치, 수육, 생선구이에 와인을 곁들인 식사였다.

"오늘 메뉴를 보고 '이게 뭐야' 하면서 실망하시는 분들도 있을 겁니다. 비록 소찬이긴 하지만 청와대로서는 제법 신경 쓴 거라는 사실 잊지 마세요."

좌중에선 폭소가 터져 나왔다. 만찬이 시작되고, 승리를 자축하는 건배가 이어졌다. 김영삼이 마이크를 잡았다.

"세상에 기쁜 일이 많지만 선거에서 이긴 게 가장 기쁩니다. 클린턴 대통령도 우리의 승리를 축하하는 축전을 보내왔어요."

참석자들은 와 하는 박수갈채를 보냈다.

"자, 이제부터는 당선된 분들 소감을 직접 듣고 싶군요. 내가 일일이 사람을 지명할 테니, 마이크를 갖다주세요. 먼저, 종로에서 값진 승리를 거둔 우리 이명박 의원 이야기부터 들어봅시다."

김영삼은 가장 먼저 이명박을 지목했다. 김영삼에게 이종찬이라는 존재는 그러고도 남았다. 이명박은 청와대 관계자에게 마이크를 건네받고 자리에서 일어났다. 김영삼이 있는 테이블을 향해 넙죽 허리를 숙였다.

"대통령 각하께서 선거기간 중에도 전화로 격려해주시고 많은 관심을 가져주신 덕분에 승리할 수 있었습니다. 정말 어려웠습니다. 선거 막판에 김대중 총재가 종로에 와서 노골적으로 지역주의를 부추겼습니다. 그땐 정말 아찔했습니다. '이종찬을 떨어뜨리면 나를 떨어뜨리는 것이다'라고 했습니다. 자, 그런데 이종찬이가 떨어졌습니다. 그렇다면 뭡니까. 이제 DJ도 끝난 거 아닙니까?"

"하하하."

김영삼은 고개가 뒤로 젖혀질 만큼 크게 웃었다. 만찬장을 웅웅 울리는 박수 소리가 이명박을 향했다. 이명박 앞에는 아무런 장애물이 없어 보였다.

《한겨레21》이 이명박에게 인터뷰 제안을 한 건 종로 승리의 기쁨을 한참 만끽하고 있던 그즈음이었다. 《한겨레21》은 이명박에게 "하고 싶은 이야기를 다 하라"며 "15대 대통령의 자격 요건을 물어보고 싶다"고 했다. 이명박이나 《한겨레21》이나 서로 무슨 이야기를 묻고, 무슨 이야기를 들어야 하는지 잘 알고 있었다.

4월 23일 이명박의 인터뷰가 실린 《한겨레21》이 시중에 배포됐다. 이명박은 여기서 '50대 기수론'을 주창했다. "15대 대통령은 국제 감각, 경제 전문성, 도덕성을 갖춰야 한다"며 "이제는 50대가 깃발을 들고 나서야 될 때"라고 했다.

아무런 사회적 경험도 없이 정치판에서 4~5선 한 사람이 사회의 일정 분야에서 경륜을 쌓고 그 분야에서 대가가 되어 정치에 입문 한 사람을 단지 초선이라고 폄하하면서 정치를 주도하려 한다면 정치는 영원히 낙후돼 있을 수밖에 없습니다. 난 그런 거 인정 못 하겠어요.

심지어 그는 '차기 대권'까지 언급했다. "나도 다음 시대에 적 합한 인물이 누구인지 논의할 때 포함되고 싶은 사람 가운데 하 나임은 분명하다"면서 "서울시장 때와는 달리 아주 합리적인 대 선 경선이 이뤄져야 한다"고 했다. 경선이 공정하게만 이뤄진다 면 대선에 도전하겠단 이야기였다.

이명박의 '50대 기수론'은 즉흥 발언이었을까? 그렇지 않다. 당시 측근들에 따르면, 이명박은 종로 승리 직후 곧바로 기획팀 을 꾸렸다고 한다. 이른바 'PLP(President Lee Plan)팀' 즉, 이명박 대통령 만들기 기획팀이었다(재미있는 것은 검찰이 2018년 1월 영포 빌딩을 압수수색하는 과정에서 문건 하나를 발견했는데, 제목이 〈PPP〉였다고 한다. 청와대에서 제작한 문건으로 'Post Presidency Plan', 즉 대통령 퇴임 후 계획을 담은 보고서였다는 거다). 주종탁의 설명이다.

"물론 곧바로 대통령으로 가는 건 아니었습니다. 서울시장을 먼저 찍고 대통령에 도전한다는 계획이었죠. 물론 얼마 안 가 해산했지 만 정말 놀랍게도 이명박 씨의 이후 정치 행로가 이 계획대로 진행됐습니다. 나중에 청와대 홍보기획비서관이 된 추부길 씨, 사회 통합수석을 지낸 박인주 씨가 전부 그 팀에 있었어요."

이명박은 총선 한 달 뒤쯤인 5월 20일쯤 미국 내 주요 정계 인사들과의 만남을 위해 미국행 비행기에 올랐다. 이 플랜에 따른 행보였다. 얼마나 체계적인 집권 계획이었는지는 모르겠지만 확실한 건 그때부터 이명박은 '대통령 꿈'을 꿨다는 이야기다.

하지만 이명박의 '50대 기수론'은 잠깐 주목을 받고 이내 흐지부지됐다. 그는 나이 어린 '깜짝 스타'를 반기지 않는 정치판의 생리를 몰랐다. "종로에서 한 번 이겼다고 너무 기고만장하다"는 평가가 당 안팎에서 봇물처럼 터졌다. 그런 정치권의 분위기가 이명박에게 곧바로 큰 위기를 안겨다준다.

포기

—

선거 당일 충격적인 패배를 확인하고 어디론가 잠적(?)해버렸던 노무현은 아마도 다음 날인 4월 12일에는 기자들의 연락을 받았던 것 같다. 《중앙일보》 4월 13일자에는 낙선의 변이 소개되고 있는데, 보통 충격을 받은 게 아닌 표정이다.

민주당 노무현 후보의 경우는 극도로 허탈감에 빠진 경우. 그는

"할 말이 없다. 감회도 없다. 이상주의의 패배다. 이제 내 임기가 다한 것 같다"고 현실 정치에 대한 회의를 드러냈다.

노무현은《중앙일보》5월 1일자 인터뷰에서 "지역 할거주의를 선택한 유권자들의 뜻이 대선까지 이어질 것"이라며 "정치판을 떠날 준비를 하고 있고 변호사 업무 재개를 준비 중"이라고 했다.

"정치인은 국민이 필요하다고 판단해서 부르면 봉사하는 것이고, 그게 아니면 생업으로 돌아가는 게 맞는 겁니다. 당분간…… 글쎄요, 당분간이 될지 영원이 될지는 모르겠지만 정치 상황을 관망하면서 변호사 일을 해야 할 거 같습니다."

이광재는 "선거운동이 막 시작된 3월 중순쯤부터 패배를 예감했다"고 했다. "이명박, 이종찬 양측이 똘똘 뭉치면서 완벽한 조직 선거 양상으로 전개됐다"는 거였다.

"도저히 끼어들 틈이 없었죠. 처음 종로에 왔을 때부터 '다음 선거를 위해 민들레 홀씨를 뿌리는 마음으로 임하자'는 생각이긴 했지만 막상 낙선이 닥쳐오니 깜깜했어요. 무엇보다 노무현 후보가 걱정이었습니다. 세 번 내리 떨어지면 못 버틸 거라고 봤거든요. 지더라도 잘 져야 했는데……. 그러지도 못했죠."

선거가 끝나고 이틀 뒤쯤이었다. 노무현은 참모들을 불렀다.

이광재는 사무실에서 노무현의 얼굴을 보고 불길한 느낌을 받았다. 뭔가 큰 결심을 할 때마다 보여주던 특유의 얼굴 표정이었다.

"이제는 내가 너무 힘드네요. 너무 지쳤어요. 여러분한텐 정말 미안한 말이지만 난 할 만큼 한 것 같아요. 지금 구도로는 내가 정치판에서 다시 뭘 할 수 있는 상황이 올 것 같지는 않습니다. 이제부터는 여러분도 각자의 길을 준비하세요."

참모들은 하나같이 뜯어말렸다. 1997년 대선을 전후로 정계 개편의 소용돌이가 몰아칠 게 분명했다. 그때 다시 기회를 보자고 설득했다. 노무현은 손사래 쳤다. 참모들은 그가 선거에서 떨어질 때마다 "정치 안 한다"고 습관처럼 이야기했던 적이 있어 '혹시나' 하는 마음이 없었던 건 아니었다. 그래도 이번엔 정도가 조금 심해 마음을 놓을 수 없었다.

앞서 《중앙일보》 인터뷰에서처럼 노무현은 '변호사 노무현'으로 살고자 했다. 1993년 이후 적을 두고 있던 법무법인 해마루로 출근하기 시작했다. 전해철 변호사에게 연락해 "이제 안산 사무실로 출근할 테니 내 방 좀 만들어달라"고 했다. 당시 해마루에서 함께 일했던 임종인은 당시를 생생히 기억했다.

"오랜 원외 생활에 지쳐 있었죠. 아마 4월 총선 끝나고 여름쯤이었을 겁니다. 어느 날 안산 사무실에 오더니 '정치 이제 안 할 거다' 하는 거예요. '나 꼬셔놓고 민주당(성동 갑) 후보로 출마시켰던 게

형님인데 이제 와서 무슨 소리냐?'고 하니까 정색하면서 진짜 안
한다는 거예요."

노무현은 해마루에서 공증 업무를 봤다. 변호사 일을 오랫동
안 손 놓고 있었기 때문에 그가 할 수 있는 일이라곤 그런 것뿐
이었다. 그의 일상은 단조로웠다. 출근하면 의뢰인 신분증을 확
인하고 공증 서류에 도장만 찍다 퇴근했다. 그렇게 3개월이 지
났다. 다시 임종인의 이야기.

"사무실에서도 노 의원이 계속 도장만 찍으면서 살 거라곤 아무도
생각하지 않았어요. 야생마 같은 사람이 좁은 사무실에 갇혀서 도
장 찍는 일만 하려니 얼마나 갑갑했겠어요. 석 달 뒤쯤에 '답답해
서 도저히 여기 못 있겠다'면서 휙 가버리더라고요. 그럴 줄 알았
다 싶었죠. 하하."

그동안 노무현의 참모들은 '종로 말뚝박기' 작전을 펴고 있었
다. 이광재와 서갑원은 종로에 '소꿉동무'라는 카페를 차렸다.
청진동 해장국 골목 입구였다. 이광재는 "노무현이만 따라다니
다간 굶어죽기 딱 좋겠다"며 처갓집에선 건넨 생활 자금을, 서갑
원은 "전세 아파트라도 얻어서 빨리 장가가라"고 부모가 준 돈
을 밑천 삼았다. 참모들이 모일 수 있는 일종의 베이스캠프였다.
조직 운영에 가장 많은 비용을 차지하는 '밥값'을 줄이기 위한

용도이기도 했다. 이광재는 아예 종로로 이사까지 해버렸다. 배수진이었다. 카페 개업일에 노무현을 초대했다.

"노무현 의원이 그 광경을 보시더니 기가 차하시더라고요. '자네들이 여기다 이래 놓으면 나보고 어쩌라는 거냐'고 난감해했습니다. 저는 '우리가 이렇게까지 하는데 의원님도 변호사 사무실쯤은 종로에 내시라'고 계속 압박했죠. 심적 갈등이 굉장히 심하셨을 거예요."

이광재의 설득은 주효했다. 노무현은 여의도 미성아파트에서 종로구 명륜동의 한 빌라로 집을 옮겼다. 변호사 사무실도 종로 3가로 이전했다.

당시 노무현의 종로 안착은 정치를 계속 할지 말지를 떠나 '떠돌이 생활'을 정리하고 싶은 마음이 더 컸던 것 같다. 아들 노건호는 《노무현: 상식 혹은 희망》에서 "1997년쯤 종로로 이사를 했는데 아버지께선 종로에 뿌리를 내리고 싶으셨던 것 같다"며 "사실 아버지가 정치를 오래한 건 사실이지만 국회의원 생활을 오래한 건 아니었고 부산이나 서울 어디에도 관리해놓은 지역구 같은 것은 없어서 종로에 많은 애착을 갖고 있었다"고 했다.

하지만 그런다고 원외의 설움이 사라지는 건 아니었다. 헛헛한 마음을 달래기 위해 정처 없이 전국을 떠돌기도 했다.

5월 11일, 중앙선거관리위원회는 총선 선거 자금 실사를 개시했다. 후보들은 선거기간 동안 수입, 지출 내역을 정리한 회계 자료를 제출했다. 그런데 서울 종로에서 대단히 희한한 광경이 펼쳐졌다. "돈이 없어 선거운동도 제대로 못했다"던 자민련 김을동 후보가 최고액인 9,255만 원을 신고했다. 노무현은 그다음인 7,271만 원이었다. 노무현과 김을동은 재산 신고액만 260억 원에 달했던 이명박(7,149만 원)보다 씀씀이가 더 컸던 거다. 이종찬은 최소 금액인 6,819만 원을 적어냈다. 노무현은 황당했다. 그는 소감을 묻는《중앙일보》취재팀에 "이건 한마디로 코미디"라며 "더는 할 말도 없다"고 했다.

《중앙일보》는 5월 15일자에서 이명박 측의 선거비용 신고가 곳곳에서 허점투성이라고 지적했다. 유세 차량 임대, 연단 설치비, 음향 장비 임대료는 기재했지만 영상 홍보물 제작비 같은 건 눈을 씻고 봐도 없다는 거였다.

영상 홍보물 제작사를 경영하는 김 모 사장은 "업자들 사이에선 홍보물 제작비로 최저 2,000~3,000만 원은 기본으로 통한다"며 "특히 돈이 있다고 알려진 후보들에게는 이보다 더 많이 요구하는 게 관행"이라고 설명.

최소 3,000만 원은 누락됐다는 이야기다. 이런 일이 어떻게 가능했을까. 캠프 조직부장 주종탁은 "미리 지출 상한액을 정해놓고 그에 맞춰서 장부를 조작했던 것"이라면서 "돈 관리는 대부기공 회계팀 직원들이 선거사무소에 출장을 와서 전담했었다"고 했다. 종로 부정선거를 폭로했던 김유찬은 이미 《이명박 리포트》에서 "대부기공에서 거의 마대 자루에 자금을 담아다 쏟아붓듯이 치렀던 게 바로 종로 선거"라고 지적했다(2018년 3월, 검찰은 이명박에게 구속영장을 청구하면서 이 같은 내용을 모두 확인했다. 검찰은 영장에 "이명박 전 대통령이 대부기공 직원에게 선거 캠프 경리 업무를 맡기고 대부기공 법인 자금으로 《신화는 없다》 수천 권을 구매하도록 지시했는가 하면, 지구당 사무소와 캠프 직원 급여 4억 300여만 원을 대부기공 법인 자금으로 지급하도록 했다"고 명시했다).

정황만 살피더라도 회계 부정이 명백했다. 중앙선관위는 같은 해 8월 23일 선거비용 실사 결과를 발표했는데, 신한국당 의원 13명을 고발하면서, 황당하게도 이명박은 포함시키지 않았다. 그는 앞서 4·11 총선 직후에도 선거법위반 혐의로 고발돼 종로경찰서 수사를 받았지만 역시 무혐의 처분을 받았다. 하지만 이는 더 큰 재앙을 위한 전주곡에 불과했다.

하로동선

—

노무현은 《한겨레》 6월 18일자 1면 우측 하단에 '변호사 개업 인사'를 냈다. 약속대로 정치 일선을 떠나 변호인으로 돌아갔음을 '광고'했다. 다시는 정치판에 기웃대지 않겠다는 대국민 약속 같았다. 그래서인지 흔히 보는 개업 인사와는 내용이 많이 달랐다.

저는 이제 정치 일선에서 물러나서 변호사 일을 다시 시작하려 합니다. 그동안 후원을 아끼지 않았던 분들에게는 죄송하기 짝이 없습니다. 낙선한 정치인이 생업으로 돌아가는 것은 오히려 당연한 도리라 생각되어 이 길을 선택했습니다. 이제 변호사 일에 전념하면서 그동안의 후의에 조금이라도 보답하고자 합니다. 배전의 지도 편달을 부탁드립니다.

1996년 6월 18일 변호사 노무현

'변호사 노무현'은 여전히 돈 되는 사건에는 관심이 없었다. 시국 사건이 벌어지면 가장 먼저 달려갔다. 어쩌면 애초부터 그는 정치를 관둘 생각이 없었는지도 모른다. 후원회장 이기명의 기억이다.

"노무현은 선거에서 떨어질 때마다 정치 그만한다고 했던 사람입니다. 종로 선거 낙선 이후에도 그런 말을 했지만 난 처음부터 믿지를 않았어요. 어차피 말만 그런 줄 알았으니까. 하하."

노무현은 그해 7월 30일 중국 연변에서 술에 취해 두만강을 건너가 입북했던 소설가 김하기가 한국 송환 직후 국가보안법 위반 혐의로 구속되자, 그의 변호인이 됐다. 김하기는 1981년

부산 지역 최대 용공 조작 사건이었던 부림사건 피해자이기도
했다.

물론 민주당과 완전히 선을 긋고 살았던 건 아니다. 본인이
속한 '구당모임'이 중심이 된 행사에는 가끔씩 얼굴을 비쳤다.
하지만 예전만큼 열의를 보여주진 않았다. 낙선은 그에게 또 한
가지 변화를 안겼다. 한국 정치를 이해하는 '관觀'이 달라졌다.
'3김 청산'을 포기했다.《운명이다》중에서다.

종로에서 떨어진 뒤 나는 '3김 청산'이라는 구호를 버렸고 지역주
의 타파 이야기도 더 이상 하지 않았다. 그것은 논리로 풀 수 있는
문제가 아니었다. (중략) 종로 선거에서 제3당으로는 지역당을 타
파할 수 없다는 경험적 인식을 얻었다.

노무현은 3김이 건재하는 한 민주당은 설 곳이 없다고 봤다.
사람들은 문제인 줄 알면서도 3김을 외면하지 못했다. 또 비3김
진영은 대안을 보여주지 못하고 있었다. 당장 민주당만 해도 철
저히 지리멸렬했다. '구당모임'은 인권 변호사 출신인 홍성우 최
고위원을 앞세워 이기택에 도전했지만 당권을 찾아오지 못했
다. 절망적이었다.

그렇게 당권 투쟁에서 패배한 사람들이 주축이 돼 '개혁과 통
합을 위한 국민통합추진회의', 이른바 '통추'를 결성했다. 당권
파인 이기택 총재 측은 통추 결성을 "해당 행위"라고 규정했다.

"탈퇴하지 않으면 제명시키겠다"고도 했다. 결국 그해 11월 25일 이기택은 통추 상임대표를 맡고 있던 김원기를 출당시켰다. 사실상 분당이었다. 노무현은 민주당에 적을 두고 있었지만 통추 활동에만 참여했다.

그즈음 노무현을 포함해 통추의 몇몇 사람들이 서울 강남에 '하로동선夏爐冬扇'이란 한우 식당을 차렸다. 여름 화로, 겨울 부채처럼 당장은 쓸모가 없지만 언젠가는 국민의 부름을 받는 존재가 되겠다는 소망을 담은 식당 이름이었다. 공동 출자, 공동 운영, 공동 분배라는 원칙 아래 모두 4억 원을 모았다. 제1의 경영 수칙이 "맛으로 승부한다"였다. 실무 책임자인 김원웅은 전국의 이름난 식당을 찾아다니며 경영 기법을 전수받았다.

사실상 현실 정치를 떠나 있던 노무현도 이때 식당 일에 재미를 붙였던 것 같다. 《의원님들 요즘 장사 잘돼요?: 앞치마 두른 국회의원들의 세상 사는 이야기》에는 김원웅이 쓴 하로동선 창업기가 나오는데, 그중 노무현 관련한 대목이 나온다.

나는 상근을 하지만 일주일 단위로 매일 두 명씩 당번을 정해 주주들을 나오게 한다. 그래서 상근하는 나와 함께 손님을 맞는다. 월요일엔 박석무, 화요일엔 노무현이 술을 따르고…… (중략) 당번들의 성격에 따라 손님맞이 스타일도 제각각이다. 노무현은 우선 정중하게 큰절을 해 손님들을 놀라게 하고…….

노무현도 《운명이다》에서 "하루씩 돌아가면서 사장 노릇을 하기도 했는데, 사장을 맡은 날은 고객 관리 때문에 못 먹는 술도 먹어야 했다"고 했다. 노무현은 그렇게 정치와 일정 부분 거리를 두고 있었다. 하지만 그런 그를 세상이 다시 불러냈다.

폭로

—

"언론인 여러분들, 지금부터 신한국당 이명박 의원의 선거 부정 폭로 기자회견이 열릴 예정입니다. 한 분도 빠짐없이 회견에 참석해주십시오."

1996년 9월 10일 오전 11시, 서울 여의도 국민회의 당사 기자실이었다. 당초 오전 10시에 예정돼 있었지만 무슨 이유에선지 한 시간 늦춰졌다. 정동영 대변인의 안내 멘트가 끝남과 동시에 이종찬 부총재와 함께 건장한 체격의 30대 남성이 모습을 드러냈다. 그의 얼굴은 상기돼 있었고 몸은 다소 딱딱하게 굳어 있었다. 마이크 앞에 선 남성은 자신을 "14대 국회에서 이명박 의원의 비서관을 지냈고 15대 총선에선 유세단장과 기획팀의 일원으로 활동했다"고 소개했다. 이름은 김유찬이라고 했다.

"이명박 의원은 선거비용 제한액을 훨씬 초과해 사용했습니다. 상당액을 누락, 축소했습니다. 제가 확인해드릴 수 있는 누락액만도 6억 8,000여만 원입니다. 기획팀, 유세팀, 전화 홍보실, 자필 서신팀 운영은 물론 홍보물 제작, 여론조사, 유세 차량 등 장비 임대 비용을 누락 또는 축소 신고했습니다."

장내는 술렁였다. 이런 식의 폭로가 과거에 없었던 건 아니지만 이렇게 구체적이진 않았다. 회견 도중 《서울신문》 기자가 "지금 이명박 의원 측에서 무고 혐의로 고소하겠다는 뜻을 밝혔다"며 그의 반응을 떠봤다.

"그런 말은 대응할 만한 일고의 가치도 없습니다."

김유찬은 딱 잘랐다. 그러자 또 다른 기자가 "영수증 같은 물증이 있느냐"고 따져 물었다. 순간 김유찬은 전화 홍보실 자원봉사자들의 인적 사항과 그들의 봉사료 1,113만 원의 청구 내역서, 이런저런 영수증을 직접 들어 보였다.

여의도는 발칵 뒤집어졌다. 김유찬을 알던 사람들은 "이명박 의원실 직원이 맞다"고 했다. 검찰은 즉각 수사에 착수했다. 다급해진 이명박은 같은 날 《연합뉴스》와의 인터뷰에서 "김유찬 씨는 금전 및 회계 문제에 관여하지 않았던 사람"이라며 "영수증을 갖고 있다는 건 허위 사실"이라고 반박했다. 하지만 그저 "아니"라고만 할 뿐 왜 아닌지에 대한 설명은 없었다.

신한국당은 "일단 검찰 수사를 지켜보자"고 했다. 하지만 내부적으론 "터질 게 터졌다"고 봤다. 이미 선관위 실사 때부터 이명박은 문제가 많다는 지적이 잇따랐던 터였다.

이명박이 총선 이후 '50대 기수론'을 언급하며 너무 빨리 샴페인을 터뜨린 것도 문제였다. 《동아일보》 9월 17일자에는 "그가 평소 당내에서 인심을 얻지 못했다"는 신한국당 관계자의 평가도 소개됐다.

국민회의는 "9월 17일 김유찬 씨의 2차 폭로가 열릴 것"이라고 예고했다. 2차 회견이란 곧 카운터블로를 날린다는 의미였다. 이명박으로선 속수무책이었다. 당 지도부와 언론의 쏟아지는 입장 표명 요구에도 "사실이 아니"라고 손사래만 칠 뿐 계속 침묵했다. 그런데 9월 17일 당일 오전, 국민회의는 "부득이한 사정으로 회견이 연기됐다"고 통보했다. 자료 보강을 이유로 들었다. 하지만 뭔가 말 못할 사정이 있어 보였다.

그런데 바로 그때, 신한국당 여의도 당사에 이명박이 나타났다. 너무 갑작스런 등장이었다. 만면에 미소를 머금은 채 "반박 기자회견을 열겠다"고 했다. 김유찬 폭로 일주일 만이었다. 그의 손에는 A4용지 몇 장이 들려 있었다. 그는 사진기자들에게 이 종이를 잘 찍으라는 듯 곱게 펴서 들어 보였다.

"바로 이것입니다. 김유찬 군이 스스로 자신의 폭로가 사실과 다르다는 자필 편지를 제게 보냈습니다. 김 군은 '선거법과 정당법도 제대로 구분 못했고 선거비용 등에 있어서도 정확한 사실을 알지 못해 추정한 것을 자료로 만들었다'고 자인했습니다."

이명박은 이어 이번 사태의 제목까지 정했다. '국민회의 폭로 조작 사건'이라는 거였다.

"김 군은 국민회의의 강력한 요구에 맞추느라 부정확한 내용을 새로 작성하기도 했다고 고백했습니다. 지금 김 군은 국민회의 측 경호를 받고 있는 걸로 아는데, 한 젊은이를 정치 공세에 이용하지 말기를 경고합니다."

기자들의 질문이 쏟아졌다. "김유찬을 무고죄로 고소할 것이냐"는 질문도 나왔다.

"물론 책임을 져야 할 사람은 있을 겁니다. 하지만 김 군은 지금 뉘우치고 있습니다. 그런 사람을 처벌받게 해선 안 되겠죠. 고소하지 않을 겁니다."

이명박은 회견 말미에 "과거와 같이 공작과 술수가 난무하는 정치가 판을 치는 한 그토록 염원하는 선진 정치는 요원할 것"이란 말도 덧붙였다. 이때까지만 해도 이명박의 완벽한 뒤집기 한판이 되는 것처럼 보였다.

공작

김유찬의 홍콩 출국 사실이 확인된 건 9월 17일 이명박 기자회견이 끝난 직후였다. 김유찬은 이미 한국에 없었다. 이날 공항 당국은 "김유찬 씨와 부인, 딸 등 가족이 이틀 전인 9월 15일 가족과 함께 홍콩행 비행기에 올랐다"고 확인했다. 2차 기자회견 성사를 위해 그의 행적을 쫓았던 국민회의는 허탈했다.

하지만 상황을 곱씹어보면 뭔가 이상했다. 김유찬의 부정선거 폭로와 잠적, 돌연 출국, 사과 편지, 그리고 갑작스런 이명박의 반박 기자회견까지……. 급격한 변침이 고비 고비마다 일어나는 게 뭔가 냄새가 났다.

내막은 이랬다. 9월 10일 기자회견 후 김유찬은 시내 호텔을 전전했다. 이종찬 측이 그를 돌보고 있었다. 그러던 중 14일 저녁 이명박 의원실의 이광철 비서관, 강상용 기획부장이 접촉해 왔다. 그들은 "10월 11일 선거사범 공소시효 만료까지 외국에 나가 있어달라"고 사정했다. 김유찬은 그들과 막역했다. 인간적인 정리를 외면할 수 없었다. 또 사태 파장이 걷잡을 수 없이 번지자 무서웠다. 출국에 동의했다.

"너와 네 와이프 각각 9,000달러씩, 1만 8,000달러다. 우선 이걸로 떠나라. 뒷일은 우리가 알아서 처리할 테니."

이광철은 김유찬의 손에 1만 8,000달러를 쥐어줬다. 이명박에게 보내는 사과 편지 작성도 부탁했다. 김유찬은 9월 15일 김포 공항에 도착해 편지를 썼다. 자신이 한 폭로를 스스로 부정하는 내용이었다. 이명박이 이틀 뒤인 17일 반박 기자회견에서 흔들게 될 바로 그 편지였다. 이광철은 홍콩행 대한항공 편도 티켓을 건넸다. 그러고는 출국 게이트 안쪽까지 따라 들어왔다. 김유찬의 출국을 눈으로 직접 확인하기 위해 자신의 비행기 티켓까지 끊었던 거다.

이광철, 강상용은 김유찬이 출국하자 서울 시내로 내달렸다. 조선호텔 지하 일식집에 도착한 건 그날 저녁이 다 되어서였다. 안내를 받아 방문을 열고 들어가니 이명박과 천신일 세중나모

여행 회장이 있었다. 천신일은 이명박과 고려대 상대 동기로 절친한 친구였다.

이광철은 품에서 종이를 꺼내 이명박에게 건넸다. 자신이 불러주는 대로 김유찬이 받아 적은 편지였다. 이명박은 모든 신경을 집중해 편지를 찬찬히 읽어 내려갔다. 이명박은 편지를 읽는 내내 고개를 미세하게 끄덕였다. 그러곤 '이거면 됐다'는 표정을 지어 보였다. 술병을 들었다.

"이봐 광철이, 자네 정말 수고 많았어! 술 한잔 받지."

이명박은 어지간해선 아랫사람에게 "고생했다"는 말을 하지 않는 사람이었다. 주변에서 "빈말이라도 고맙다는 말도 좀 하고 뒷일에 대한 약속도 좀 하라"는 얘길 들을 때마다 "내 마음만 그러면 되지 그걸 꼭 표현해야 하느냐"며 칭찬에 인색함을 자랑처럼 이야기하던 사람이었다. 그러던 그가 이런 치하를 했다는 건 정말 고마워한다는 뜻이었다.

이날 만찬이 끝나고 강상용은 24시간 운영되던 서울 소공동 중앙우체국을 찾아가 김유찬의 편지를 부쳤다. 직접 건네받은 게 아님을 보여주려는 알리바이였다. 그들은 그렇게 '완전범죄'를 꿈꿨다.

'종로 부정선거 폭로' 정국은 이명박 측의 시나리오대로 흘러가고 있었다. 9월 22일 이광철과 강상용이 검찰에 전격 체포되기 전까지는.

검찰은 이들의 신병을 확보하자마자 '범인 도피 혐의'로 구속

영장을 청구했다. 두 사람에 대해 범인 도피로 영장을 청구했다는 건 이명박을 배후로 보고 있다는 이야기나 마찬가지였다. 칼날은 곧바로 이명박을 향했다. 완벽한 국면 전환이었다. 이명박은 곧바로 잠적했다. 23일《연합뉴스》기사 중 일부다.

신한국당 이명박 의원은 김유찬 씨를 해외로 도피시킨 혐의로 측근 두 명이 구속된 직후인 22일부터 행방을 감춘 채 보좌관을 통해 자신의 직접 개입설을 부인. 윤만석 보좌관은 23일 "지난 22일 이 의원이 부산 지방의 한 교회에서 강연을 마치고 상경한 뒤 의원회관 출근도 삼간 채 연락이 두절돼 행방을 알 수 없다"며 "이날 오전 단 한 차례 이 의원이 그간 상황을 묻는 전화만을 일방적으로 걸어왔을 뿐"이라고 설명.

신한국당은 패닉에 빠졌다. 이명박 말만 철석같이 믿고 '국민회의 폭로 조작 사건'으로 몰고 갔던 신한국당으로선 입이 열 개여도 할 말이 없게 됐다. 이명박에게 자세한 경위를 묻고 싶어도 연락이 닿질 않았다. 꼬리를 잘라내야 했다. 강삼재 사무총장은 "당이 오판했다", "국민께 혼선을 드렸다"며 사과했다.

이명박이 검찰에 소환된 건 보름쯤 지난 10월 7일이었다. 그는 오후 2시 50분쯤 서초동 검찰청사에 도착한 뒤 포토 라인에 섰다. 그는 여유 있게 보이려는 듯 웃고 있었다.

"검찰이 적시한 혐의는 인정하십니까?"

"모든 것은 검찰 조사를 통해 밝혀질 겁니다."

"종로 선거 때 법정선거비용을 초과 지출한 건 인정하십니까?"

"그…… 선거법이 워낙 복잡해서 그건 잘 모르겠습니다."

"김유찬 씨 해외 도피 과정에 직접 관여한 바 있습니까?"

"김유찬 씨를 만난 적도 없고, 이광철 씨에게 그 사람을 도피시키라고 지시한 바도 없습니다. 아니, 김유찬 씨가 한국에 있으면 오히려 나한테 유리한데 뭐가 아쉬워서 그 사람을 출국시킵니까?"

이명박의 도발은 기자들을 자극했다.

"시킨 게 아니면 이광철, 강상용 씨가 무슨 돈으로 1만 8,000달러를 줍니까?"

"의원님 말씀은 그 사람들이 시키지도 않았는데 알아서 그랬다는 건가요?"

기자들의 목소리가 커지자 그는 잠시 주춤거렸다.

"모든 것은 검찰 조사를 통해 다 나올 겁니다. 그럼 이만……."

김유찬의 기자회견을 주선했던 이종찬은 당시를 어떻게 기억하고 있을까. 그는 "소탐대실"이란 말로 딱 잘랐다.

"이명박 씨는 그때나 대통령이 된 뒤에나 똑같았어요. 항상 작은 걸 탐하려다 큰 걸 잃는 우를 범하더라고. 그때 김유찬 씨한테도 물어봤죠. '왜 이명박을 떠나기로 했느냐'고. 자기가 이명박 의원실을 그만두고 같은 당 모 의원실에 갔는데, 어느 날 이명박이 그 방에 들어오더라는 거예요. 눈이 마주쳤다는 거지. 그런데 이명박 씨가 다녀간 뒤에 갑자기 새로 취직한 의원실에서도 해고 통보를 받았다는 겁니다. 이명박에 대한 원한을 갖게 됐던 거죠."

퇴장

이명박은 1999년 4월 9일 대법원에서 선거법위반 및 범인도 피 혐의에 대해 각각 400만 원, 300만 원의 벌금형을 받았다. 1996년 10월 같은 혐의로 검찰에 불구속 기소된 데 따른 결과 였다. 벌금 100만 원 이상 형을 받으면 의원직을 상실한다. 그런 데 700만 원이었다. 상당한 중형이었다.

하지만 이때는 이미 '이명박 전 의원' 신분이었다. 앞서 그는 1997년 9월 11일 1심에서 유죄 선고를 받자, 이듬해인 1998년 2월 21일 느닷없이 "서울시장에 출마하겠다"며 의원직을 사퇴 했다. 법원 판결에 따라 의원직을 잃는 건 시간 문제였다. 남의 칼을 받아 목이 잘리느니 스스로 옷을 벗겠다는 계산이었다. 또 지방선거 도전이라는 그럴싸한 명분을 앞세워 명예롭게 물러나 겠다는 거였다. 어차피 밑져도 본전이었다. 하지만 1998년 4월 28일 서울고법에서 열린 항소심에서도 700만 원 벌금이 선고 되자 "정치적 판결을 도저히 승복할 수 없다"며 서울시장 경선 출마까지 포기했다. 마지막 희망마저 사라졌던 거다.

이명박은 당시 상황을 어떻게 회고하고 있을까.《대통령의 시간》을 보면 자신의 선거법 위반을 "기성 정치권의 견제" 때문으로 풀이했다. 당연히 선거비 초과 지출, 김유찬 해외 도피에 관한 내용은 일절 언급하지 않았다.

종로에서의 화려한 승리는 기성 정치권의 나에 대한 견제를 더욱 강화시키는 계기가 됐다. 야권은 물론 14대 대선 텔레비전 찬조 연설과 서울시장 경선 과정에서 비롯된 당내 반감의 잔재도 남아 있었다. 결국 나는 선거법 위반으로 고발당해 1심과 2심 재판에서 의원직 상실형에 해당하는 벌금형을 받았다.

그는 책에서 당시 김수한 국회의장에게 의원직 사퇴서를 제출하러 갔을 때 일화를 소개했다. 사퇴서를 들고 찾아온 이명박을 보고 깜짝 놀란 김 의장은 "다른 국회의원들도 다 그렇게 하니 할 수 있는 데까지 시간을 끌라"고 조언했다는 거다.

당시 관행처럼 재판을 지연시켜 국회의원직을 유지할 수도 있었다. 그러나 사실상 식물인간이나 다름없는 국회의원이 무슨 의미가 있겠는가. (중략) 그렇게 의원직을 사퇴한 후 나는 1998년 11월 15일 미국 조지워싱턴대학에 객원연구원으로 초청을 받아 한국을 떠났다.

실정법을 위반해 의원직을 잃은 걸 마치 부당한 피해를 입은 것처럼 묘사했다. 또 그의 말처럼 '마음만 먹으면' 재판을 지연시킬 수 있는 상황도 아니었다. 1997년 12월 19일 김대중의 대선 승리로, 이명박은 야당 의원으로 신분이 바뀐 상태였다. 여당이라면 모를까 야당은 버티고 싶어도 버틸 수가 없었다. 여소야대 국면을 바꾸고 싶었던 김대중 정부 입장에선 벼랑 끝에 선 그를 가만 놔둘 상황이 아니었다.

궁금한 건 이명박이 저 지경이 될 때까지 뒷짐만 지고 있었던 신한국당의 처사다. 신한국당은 혐의가 명백하게 드러난 뒤에도 그를 출당하거나 제명하는 등 징계를 하지 않았다. 이와 관련해선 1996년 이명박 후보 선대위원장을 지낸 변호사 정인봉이 했던 이야기가 있다.

"이명박 씨는 (1996년) 거짓이 드러난 후 당에서 출당을 요구받았죠. 그런데 '정치 1번지 종로를 보호해주지 않으면 전국 모든 지구당에 내려간 불법 정치자금의 실체를 공개하겠다, 그래서 나도 죽고 당도 죽이겠다'는, 거의 자해 공갈단과 유사한 발언을 해서 겨우 출당을 면했던 겁니다. 강삼재 당시 사무총장도 이명박을 보고 '파렴치한 인간'이라고 치를 떨었어요."

이명박이 의원직을 버리고 1998년 미국 유학길에 오르자, '이명박의 사람들'도 뿔뿔이 흩어졌다. 엄밀히 말하면 버려졌다는 게 맞다. 그중에서도 특히 김유찬의 해외 도피 과정에 핵심 역할을 했던 이광철은 그들 내에서도 많은 동정을 받는다. 이명박으로 인해 인생이 단박에 어그러졌기 때문이었다.

이광철은 현대건설 출신이었다. 공채 수석으로 입사해 장래가 보장된 인재였다. 이명박은 그런 그를 눈여겨봤다. 1992년 1월 퇴사하면서 현대건설 과장이던 이광철을 데리고 나왔다. 이명박은 그에게 수행을 맡겨 지근거리에 뒀다. 때문에 이광철은 이명박의 거의 모든 사생활을 알고 있었다. 입이 무거웠다. 구정물에 손을 담가야 하는 일이 생기면 앞장섰다. 주변에선 "충신 중의 충신"이라고 했다.

1996년 범인도피 혐의로 구속됐다 이듬해 풀려난 이광철은 한동안 서초동 영포빌딩에 출근했다. 하지만 딱히 할 일이 없었다. 이명박이 의원직을 잃고 홀연히 미국으로 떠나자 사무실을 나갈 수가 없었다. 그도 한국 생활을 접고 미국으로 이민을 갔다. 2007년 대선 직전, '검증 국면'에서 김유찬이 다시 등장했다. 이광철의 이름도 다시 등장했다. 하지만 이광철은 이명박에 대한 의리를 지켰다. 침묵했다. 그해 대선은 이명박의 압승이었다.

'대통령 이명박'은 2008년 11월 25일 미국 로스앤젤레스를 방문했다. 이광철은 로스앤젤레스에 살고 있었다. 이명박은 그를 불렀다. "원하는 게 뭐냐"고 물었다. 그는 "로스앤젤레스 총영사로 일하고 싶다"고 했다. 그날 만남은 그렇게 끝났다. 확답을 들은 건 아니었지만 이명박이 거절하지 않았기에 그는 상황을 낙관했다. 하지만 몇 달이 지나도 소식이 없었다. 그는 한국에 들어왔다. 이명박의 처남 김재정을 만났다. 그날 로스앤젤레스에서의 대화를 죽 설명했다.

"MB가 분명히 긍정적인 신호를 줬다는 거지? 알겠네. 내가 다시 한번 말해봄세."

하지만 그 이후로도 청와대나 김재정에게서 어떤 연락도 오지 않았다. 혹시나 하는 마음에 두어 달을 더 기다렸지만 역시 마찬가지였다. 이광철은 그렇게 몇 달간의 한국 생활을 정리하고 다시 미국으로 돌아갔다.

김유찬은 현재 한국과 외국을 오가며 개인 사업을 하고 있다. 그는 1998년 6월 3일 야인이 된 이명박을 만난 적이 있었다. 어찌 됐든 구원을 풀고 싶어서였다. 영포빌딩으로 찾아갔다. 그날 만남을《이명박 리포트》에서 소개했다.

내가 회의실로 들어가 자리에 앉아 있으려니까 이명박 전 시장이 무거운 표정으로 들어와 반대편 의자에 앉았다. 그는 자리에 앉자마자 나를 잡아먹을 듯이 노려보며 주먹을 쥐고 책상을 내리쳤다. "야, 이 개새끼야! 왜 찾아왔어? 너 같은 놈은 쥐도 새도 모르게 죽여버릴 수도 있어. 주변에서 네 목에 돌을 달아 인천 앞바다에 수장하자고 하는 걸 내가 말렸어!"

캠프 조직국장이었던 주종탁은 1998년 이명박이 서울시장 불출마를 선언하자 결별했다. 서울시장 선거를 준비하기 위해 광화문 앞에 커다란 사무실을 얻었는데, 며칠 안 가 불출마를 선언했다. 그즈음 어느 날, 텅 빈 사무실에서 이명박은 그를 불렀다.

"주 부장, 이제 당장은 할 일이 없게 됐는데……. 자네 어떻게 할 건가?"

"저는 의원님께서 선거에 출마하지 않으신다면 여기 있을 이유가 없을 것 같습니다."

"이봐, 대부기공에 넣어줄 테니까 잠깐 가 있지 그래?"

주종탁은 "대부기공 직원들이 선거 캠프에 파견을 오고, 선거 캠프 직원들이 대부기공에서 월급을 받았을 때부터 대부기공의 실제 오너가 이명박 씨라는 걸 짐작하고 있었다"고 했다. 주종탁은 2007년 한나라당 대선 경선을 앞두고 김유찬과 함께 재등장했다가 허위사실유포 혐의로 벌금 500만 원을 선고받았다. 1심부터 상고심까지 모든 재판이 이명박 정부 1년차인 2008년에 진행됐다. 법조계에선 "다른 결론이 날 수 없는 재판"이란 이야기가 돌았다.

"2007년 여름쯤이었던 걸로 기억합니다. 이명박 후보 쪽에서 사람을 보냈어요. 나중에 청와대 민정비서관을 지냈던 신학수였죠. 'MB는 아직 당신을 잊지 않고 있다'고 하더군요. 입 닫아주면 나중에 보상해주겠다는 이야기로 들렸습니다. 당연히 거절했죠."

주종탁은 2018년 1월 국가정보원 특수활동비 유용 의혹으로 검찰 조사를 받았던 '이명박의 문고리' 김희중 전 청와대 제1부속실장을 보면 만감이 교차한다고 말했다.

"이명박 씨는 한 번 버린 사람은 쓰지 않습니다. 완전히 끊어버리죠. 아주 매정합니다. 김희중이 2012년 저축은행 사건 때 구속되고 나니까 어떻게 했습니까? 그 사람 부인 자살하고 나서 빈소에 조화 하나 안 보냈다면서요. 김희중 그 친구, 1997년 처음 캠프에 왔을 때 20대 후반이었습니다. 참 조용하고 순수한 친구였거든요. 때 묻지 않은……. 도대체 사람을 어떻게 대했길래 그런 친구마저 등을 돌린 걸까 싶더군요."

정권 교체

—

"안녕하세요. 〈뉴스대행진〉 노무현입니다."

"안녕하십니까. 김자영입니다."

1997년 6월 30일 월요일 정오였다. SBS AM 라디오에선 느닷없이 노무현의 목소리가 흘러나왔다. 그는 프로그램 개편을 통해 라디오 진행을 맡게 됐다고 소개했다. 그러면서 영국의 홍콩 반환 소식을 오프닝에서 다뤘다. 최대한 서울 말씨를 구사하려고 애쓰는 경상도 남성의 발음과 억양이었다. 타이틀이 한번

돌고, 김자영이 입을 열었다. 그는 KBS 아나운서 출신이자 국민회의 김민석 의원의 부인이었다.

"노무현 변호사께서는 라디오 프로그램 처음 진행하시는데 떨리시죠?"

"네에."

"지금 기분이 어떠세요?"

"음, 걱정뿐이죠."

"하하. 라디오에 대해서는 평소에 어떻게 생각하셨어요?"

"어릴 때는 라디오 하나 사는 게 참 꿈이었는데, 그런데 라디오가 점차 없어지나 했더니 요즘에는 라디오가 다시 뜬다죠?"

노무현은 '노무현 변호사'로 불렸다. 그만큼 정치 일선에서 멀리 떨어져 있었다. 《운명이다》에서도 이때를 "잠깐이었지만 무척 흥미로운 경험"이라고 했다. 그의 말처럼 '방송인 노무현' 경력은 잠깐이었다. 9월 26일이 마지막이었다. 석 달이 채 안 됐다. 운명처럼 정치의 한복판으로 다시 빨려 들어가고 있었다.

"저는 현재 대선 출마 여부를 심각하게 고려 중입니다."

노무현은 라디오 마지막 방송 이틀 전인 9월 24일 기자들과 만났다. 그러고는 느닷없이 '대선 출마'를 시사했다. 라디오 방송을 관두기로 한 것도 "대선 출마 때문"이라고 했다. 그는 "국민통합추진회의 인사들에게도 이런 뜻을 전달한 상태"라며 "조만간 공식적으로 출마 여부를 밝히겠다"고 했다. 도대체 무슨 일이 있었던 걸까.

1997년 12월 대선을 앞두고 통추는 바람 앞에 갈대였다. 김대중과 김종필을 빼면, 남는 선택지는 신한국당 대선 후보 중 한 사람이었다. 신한국당에선 소위 '아홉 마리 용들'이 대선 후보 한 자리를 놓고 이전투구를 벌이고 있었다. 이 사람이 뜨면 이쪽을 보고 저 사람이 뜨면 저쪽을 쳐다보는 일이 되풀이됐다. 노무현은 그게 너무 못마땅했다.

7월 21일 신한국당 대선 경선에서 이회창이 이인제를 눌렀다. 그런데 이회창에게 아들 병역기피 의혹이 제기되면서부터 지지율이 급속히 빠졌다. 비주류는 여지없이 후보 교체론을 들고 나왔다. 이회창은 버텼다. 그러자 경선에서 패배했던 이인제가 경기지사직 사퇴와 탈당, 대선 출마를 동시에 선언했다. 그게 9월 13일이었다. 평생 그를 따라다닐 '경선 불복' 역사의 시작이었다.

이인제의 초반 기세는 맹렬했다. 누가 봐도 '제3후보'로 볼 만큼 지지율이 받쳐줬다. 하지만 정치적 세가 없는 지지세는 사상누각이었다. 이인제와 통추는 서로를 원했다. 이인제와 통추 대표 김원기가 만났다. 깊은 교감이 오갔다. 김원기는 이런 사정을 통추 회원들에게 설명했다. '이인제라니…….' 노무현은 도저히 받아들일 수가 없었다.《운명이다》중 한 토막.

변절의 길을 갔던 사람들이 잘되는 것을 보니 더욱 견디기 힘들었고 도저히 인정할 수가 없었다. 그래서 홧김에 말했다. "통추가 이인제 씨를 지지한다면 나도 출마하겠다. 통추가 나를 밀어야 할 것 아닌가?"

노무현은 이인제를 정말 싫어했다. 그의 눈에 이인제는 딱 '기회주의자'였다. 악연의 시작은 1988년, 통일민주당 소속 국회 노동위원으로 활동할 때였다. 이기명의 회고다.

"노무현이 몇날 며칠을 끙끙대서 상임위원회 질의 자료를 준비해 놓으면, 이인제가 빈손으로 와서 자기 걸 슬쩍 훔쳐다 써먹는 일이 몇 번이나 있었대요. 또 노동위원이면서도 노동자들이 찾아와 하소연해도 듣는 체 만 체하고……. 의정 활동이 너무 부실했다는 거예요."

하지만 결정적이었던 건 3당 합당 당시 이인제가 보여준 행태였다. 노무현은 1997년 11월 11일 '21세기 푸른정치 모임' 초청 강연에서 직접 이인제와 악연을 소개했다.

"3당 합당 소식이 전해진 직후였죠. 통일민주당의 동료 선배들은 민자당에 가기로 하면서도 다들 표정이 안 좋았어요. 그런데 그때 이인제 의원이 호주머니에 손을 넣고서 다가왔어요. 반말로 '노 의원, 어떻게 생각해. 뭘 망설일 게 있어. YS가 구국의 결단을 한 건데…….' 그러고 획 가버리지 뭡니까."

김원기는 9월 24일 노무현의 대선 출마 보도가 전해지자 그를 불렀다. "통추가 향후 진로를 정하지 못한 상황에서 경거망동하지 말고 신중하게 처신해달라"고 했다. 그때까지만 해도 김원기의 눈에, 노무현은 '감'이 아니었다.

이런 일화도 있었다. 그즈음이었다. 통추 회원들과 노무현이 서울시청 부근 한 대폿집에서 저녁을 먹고 있었다. 노무현은 통추가 이인제와 손을 잡아선 안 되는 이유를 격정적으로 쏟아냈다. 그러면서 "이인제가 나간다면 나도 나가겠다"고 '선언'했다. 사람들의 반응이 김원기와 크게 다르지 않았다. "상황 판단 좀 제대로 하라"는 핀잔이 이어졌다. 화가 난 노무현은 터져버렸다. 그때 그 자리에 있었던 A씨의 회고다.

"그 자리에 유인태, 원혜영, 김부겸, 이런 사람들이 있었죠. 노무현이 '너희 서울대 나온 새끼들, 너희 눈에는 내가 하찮게 보이지?' 하면서 막 성을 내더라고요. 그렇게 화를 내는 모습은 처음 봤습니다. 대선에 나가겠다는 자기 이야기를 누구도 무겁게 받아들이지 않으니 속에 있던 학력 콤플렉스가 나왔던 거죠. 김부겸이 한쪽으로 데리고 가서 '형님 진정하세요' 하면서 달래던 모습이 생각나네요."

노무현은 그때 자신의 출마 당위성과 이인제의 출마 부당성을 적은 20페이지짜리 장문의 글을 직접 썼다. 참모들에게 인쇄를 맡겼다. 그걸 제본해서 국회 의원회관에 뿌렸다. 반응은 참담했다. 그걸 뿌렸던 안희정도 참담했다. 서갑원, 백원우와 함께 노무현의 명륜동 자택을 찾아갔다. "이번은 아닌 것 같다"고 설득하기 위해서였다. 《안희정과 이광재》중에서다.

안희정은 자정 무렵까지 끈질기게 설득했다.

"출마 선언 철회하시죠."

"알았다, 됐다. 그만 가라, 마! 자야 된다."

노무현 전 의원이 퉁명스럽게 답했다.

"지금 저희들 앞에서 답을 해주십시오."

안희정은 굽히지 않았다. 그러자 노무현 전 의원이 벌떡 일어나더니 옆에 쌓여 있던 신문 뭉치를 두 손으로 번쩍 들어올렸다. 그리곤 털썩 내던지면서 큰소리를 냈다.

"됐다! 가라!"

노무현의 대선 출마는 그렇게 '소동'으로 끝났지만 통추는 어떻게든 선택을 해야 했다. 격렬한 내부 토론이 이어졌다. 제정구, 이철 등은 "정권 교체보다는 3김 청산이 우선"이라면서 이회창을 택했다. 김원기와 노무현 등은 "3김 청산보다는 정권 교체가 우선"이라고 봤다. 노무현은 1997년 11월 13일, 국민회의에 입당했다. 입당하자마자 노무현은 국민회의 부총재가 됐다. 대선 한 달 전이었다. 서갑원의 회고다.

"국민회의 입당 직전 노무현 의원 명륜동 집에서 새벽까지 회의를 했어요. 노 의원이 DJ한테 가겠다고 하니까 김정길 의원이 '그 노인네 때문에 그렇게 당하고도 지겹지도 않나?' 하는 거예요. 노 의원이 '넌 이회창한테 가라. 난 DJ한테 간다' 하니까 김정길 의원이 버럭 화를 내면서 이러는 겁니다. '네가 안 간다는데 내가 거길 우예 가노?'"

입당 사흘 전인 11월 10일, 김대중은 국민회의를 선택한 통추 사람들을 만찬에 불렀다. 김대중은 먼저 와서 자신을 기다리고 있던 노무현과도 악수했다. 분당 사태 이후 2년여 만의 만남이었다.

"참 오랜만에 보는 얼굴들이 다 모이셨군요."

김대중은 만면에 미소를 머금었다. 식사가 시작되고, 김대중은 본론을 꺼냈다. 1995년 분당 사태에 대한 사과였다.

"제 본의는 아니었지만 여러분들이 희생하고 피해를 본 걸 잘 알고 있습니다. 여러 가지 착잡한 심정을 정리하고 큰 대의를 위해 참여해준 은혜에 뭐라고 말해야 할지 모르겠군요. 여러분들이 나중에 꼭 원내에 복귀하시길 바랍니다."

노무현은 며칠 뒤 이종찬과도 어색한 조우를 했다. 어제의 적이 오늘의 동지가 되는 게 정치권의 일상이라지만 어색한 건 어색한 거였다. 이종찬은 그날 만남을 기억했다.

"대선 직전이었죠. 노무현 씨가 '형님, 제가 그때 종로에 출마하는 게 아니었습니다. 괜히 형님만 떨어지게 했던 거 같아 정말 미안합니다' 하더군요. 애당초 앙금이랄 것도 없었지만 그렇게 말해주니 참 고마웠습니다."

노무현은 열심히 김대중의 선거운동을 도왔다. 거리 유세도, 강연도, 텔레비전 찬조 연설도 했다. 김대중은 이회창을 38만여 표 차로 눌렀다. 정부 수립 50년 만에 첫 정권 교체였다. 노무현은 "정치에 입문해 10년 동안 겪었던 고생과 방황과 좌절을 다 보상받는 것 같았다"고 했다.

다시 종로로

—

1998년 2월 21일, 이명박은 말 많고 탈 많았던 국회의원직에서 물러났다. 김대중의 대한민국 제15대 대통령 취임을 나흘 앞둔 날이었다. 이명박의 사퇴로 종로는 무주공산이 됐다. 5개월 뒤인 7월 21일 국회의원 보궐선거가 예고됐다.

노무현은 솔깃했다. 하지만 이종찬이 버티고 있었다. 국민회의에 입당하면서 이종찬과 지역구 교통정리를 미처 매듭짓지 못한 상태였다. 그런데 이종찬은 새 정부의 대통령직인수위원장을 지내고 있었다. 정부가 출범하면 무슨 자리를 해도 할 거란 말이 많았다. 그렇다고 해도 이종찬이 순순히 지역을 내줄지는 불확실했다. 노무현은 충돌을 피해야 했다. 일단 서울시장 선거 준비를 시작했다. 1995년 한때 이야기가 오갔던 서울시 정무부시장 자리에 대한 미련이 그의 마음 한켠에 있었다.

뜻밖의 뉴스가 전해졌다. 3월 4일, 이종찬이 안기부장에 임명됐다는 소식이었다. 안기부와 종로지구당을 함께 갖고 갈 순 없었다. 이종찬은 위원장직을 내놨다. 노무현은《매일경제》와 인터뷰에서 "1차적으로 서울시장에 관심이 있지만 종로 보선도 생각하고 있다"고 했다. 이종찬에게 보내는 메시지였다.

그즈음 노무현이 서울시장 선거에 주력했던 건 사실이다. 항상 그랬지만 여론조사가 유독 잘 나왔다. 당내에선 지지율 1위였다. 먼저 뛰고 있던 한광옥 부총재는 그에게 역부족이었다.《한겨레》3월 30일자에 서울시장 여론조사가 나왔다. 서울시민 500명을 대상으로 했다. 노무현은 18.0퍼센트 지지를 받았다. 고건 전 총리가 25.9퍼센트로 그에겐 뒤졌지만 이회창 한나라당 명예총재(10.4퍼센트), 박찬종 국민신당 고문(9.3퍼센트), 홍사덕 무소속 의원(9.0퍼센트), 그리고 이명박 한나라당 전 의원(7.6퍼센트)을 모두 앞섰다.

문제는 고건이었다. 국무총리를 지낸 중량감에 호남 출신이란 이점이 있었다. 하지만 인기 비결은 엉뚱한 데 있었다. 3월 22일 방송된 MBC 〈성공시대: 고건의 네 가지 성공 비결〉이었다. "최연소 장관, 최연소 도지사를 거쳐 국무총리에 오르면서도 가장 청렴한 공무원이란 평가를 받을 수 있게 된 비결"이 다뤄졌다. 방송 직후 고건의 인기는 천정부지로 치솟았다. 그때부터 여권 핵심부에선 "대통령이 고건을 낙점했다"는 소문이 돌았다. 《운명이다》의 한 토막.

당내 경선 후보로 등록하고 김대중 대통령을 찾아가 여론조사 결과를 드렸다. 한광옥 씨는 한나라당 최병렬 후보를 이기지 못하지만 나는 이기는 조사 결과였다. 김대중 대통령은 서울시장보다 종로지구당을 맡으라고 권했다. 며칠 후 이강래 정무수석이 찾아와 고건 씨를 후보로 하는 게 대통령 뜻이라고 했다.

이날 청와대 회동은 4월 28일 저녁이었다. 노무현은 다음 날 기자들과 만났다.

"김 대통령께서 그러시더군요. '종로는 중요한 지역이고 내가 살고 있는 곳'이라고요. '종로를 맡아 열심히 해달라'고 하십디다. 대통령께서 그리 말씀하신 이상 서울시장 후보 등록을 철회해야겠지요."

노무현이 종로 조직책에 임명된 건 5월 13일이었다. 문제는 이종찬과의 매듭을 푸는 거였다. 1996년 4월 선거가 워낙 치열했기에 걱정이 앞섰다. 《운명이다》에서 "장차 종로에 복귀할 생각에 조직을 잘 넘겨주지 않을 거라고 걱정하는 사람이 많았지만 이종찬 부총재는 옛날 일을 하나도 따지지 않고 성의껏 조직을 인계하고 당원들을 설득해주었다"고 했다. 사실이었다. 이종찬의 회고다.

"내가 흔쾌히 '아우가 종로 맡으시오' 했습니다. 나중에 돌려받지 못할 수도 있었지만 그런 건 생각 안 했어요. 조직도 다 넘겼지요. 하지만 우리 조직 중 일부가 1996년 선거 때 생각이 났는지 잘 움직이지 않더라고요. 정서적으로 받아들이지 못했던 거죠. 그래서 내 아내가 나섰습니다."

이종찬의 아내 윤장순은 1998년 종로 보궐선거에서 노무현 내외와 함께 종로 구석구석을 돌았다. 확실히 시간이 갈수록 지역 분위기가 달라졌다. 노무현은 윤장순의 헌신적인 선거 지원에 이런 말도 했다.

"사모님, 제가 당선 돼서 배지를 달게 되면 그 절반은 사모님 겁니다."

노무현 캠프에는 다시 소집령이 내렸다. 이광재, 서갑원, 백원우, 송인배, 여택수 등 훗날 노무현 정부 1기 청와대 핵심 멤버들이 모두 모였다. 이런 날이 올 줄 알고 청진동에 카페 소꿉동무를 만들어놓고 있었던 이광재의 혜안이 돋보였다. 2년 만에 다시 치르는 종로 선거였지만 진작부터 근거지를 마련해놨던 덕분인지 1996년 선거와는 질적으로 달랐다. 자민련 김을동은 출마를 포기하고 '여권 단일 후보' 노무현을 도왔다.

한나라당은 정인봉을 공천했다. 그는 노무현과는 사법고시

7기 동기생이었다. 그는 지역에서 무료 변론도 하면서 오랫동안 터를 닦았다. 하지만 거기까지였다. 노무현과의 인물 싸움에서 당해낼 수가 없었다. 여론조사를 해봤더니 노무현의 지지도는 국민회의 지지도를 훨씬 웃돌고 있었다. 그만큼 개인 지지가 많았다는 이야기다.

노무현 캠프는 땅을 짚고 헤엄을 쳤다. 한나라당은 종로에 후보만 세워놓고 당 차원의 지원을 거의 하지 않았다. 선거 쟁점도 없는 무미건조한 선거였다. IMF에 대한 원죄를 안고 뛰는 한나라당은 입이 열 개여도 할 말이 없었다. 노무현 캠프는 지지 유세에 방점을 찍기보다 투표율을 올리기 위한 투표 독려에 힘썼을 정도였다.

7월 21일 선거일 아침이 밝았다. 노무현은 부인 권양숙, 아들 건호, 딸 정연과 함께 오전 6시 30분 혜화동 종로구민체육관에 마련된 투표소에서 한 표를 던졌다. 그리고 곧바로 청운동 국립 서울선희학교로 달려가 투표를 마치고 나온 김대중 대통령과 이희호 여사를 맞았다. 김대중은 노무현을 보고 환하게 웃었다.

"그동안 선거운동 하느라 고생 많았지요?"

김대중이 오른손을 건넸다.

"대통령님, 몇 번 찍으셨습니까?"

노무현이 두 손으로 김대중의 오른손을 잡으며 물었다.

"하하하."

김대중은 소이부답이었다.

"노 부총재님이 원하시는 데 찍지 않으셨을까요?"

이희호가 거들었다. 양쪽 내외가 모두 웃음을 터뜨렸다.

이날 저녁 6시 투표 종료와 함께 출구 조사 결과가 나왔다.

노무현 62.6퍼센트 vs 정인봉 33.8퍼센트.

개표는 볼 것도 없었다. 압승이었다. 노무현은 권양숙을 부둥켜안았다. 지지자들은 만세를 외쳤다. 꽃목걸이가 부부의 목에 걸렸다. 노무현은 "다시 일할 수 있게 돼 기쁘다"고 했다. 그런데 실제 개표 결과는 출구 조사와 조금 달랐다. 노무현은 2만 6,251표(54.4퍼센트), 정인봉은 2만 993표(43.5퍼센트)였다. 숨은 야당 표가 있었다. 그래도 승자는 노무현이었다.

귀환

—

"의원님, 다시 돌아오신 걸 축하드립니다."

노무현이 국회의사당 본청 현관 자동문을 통과하자 그곳을 지키던 국회 방호원이 인사말과 함께 거수경례를 했다. 노무현은 엉거주춤 인사를 받았다. 그이의 얼굴이 기억나지 않았다. 기억이 났다면 그게 더 이상한 일이었다. 정확히 6년 2개월여 만이었다. 국회에 다시 돌아왔다. 1998년 8월 11일 아침이었다.

"지금부터 제195회 제6차 본회의 개회를 선언합니다."

박준규 국회의장이 의사봉을 세 번 두드렸다.

'195회라…….'

노무현이 13대 국회 때 마지막으로 참석했던 본회의가 156회였다. 39번의 본회의가 열리고 닫히는 동안, 노무현은 밖에서 울고 웃고 때리고 터지고 있었다. 그는 호흡을 크게 내쉬고 고개를 젖혀 하늘을 올려봤다. 천장에 달린 365개의 조명이 눈에 들어왔다. 365일 쉬지 않고 일하라는 의미에서 달린 조명이었다.

"의사 일정에 들어가기 전에 지난 7월 21일 재선거 및 보궐선거에서 당선되신 노무현 의원 등 여섯 분 의원들의 선서가 있겠습니다. 발언대로 나와주시길 부탁드립니다. 의석에 계신 동료 의원들께서도 기립해주시면 감사하겠습니다. 선서해주시죠."

노무현은 의장석 기준 맨 왼쪽 끄트머리에 섰다. 왼손에 선서문을 들었다. 건너 건너엔 아직 앳된 얼굴을 한 남경필도 서 있었다. 그는 현역 의원이던 아버지가 갑자기 숨을 거두자 유학 도중에 귀국해 선거에 당선된 상태였다.

"선서!"

누군가의 선창에 따라 노무현은 오른쪽 손바닥을 펴 들어 올렸다.

"자, 그러면 서울 종로 출신 노무현 의원 나오셔서 인사 말씀해주시기 바랍니다."

박준규는 노무현을 불렀다. 그는 의장석을 향해 머리를 숙였다. 거의 90도에 가까웠다. 단상에 올랐다. 의원석을 향해 다시 비슷한 각도로 고개를 숙였다.

"흐음."

노무현은 헛기침을 했다.

　"존경하는 의장님, 선배 동료 의원 여러분. 대단히 반갑습니다. 제가 13대 국회 이 자리에서 일하고 6년하고 두 달 더 쉬고 이 자리에 다시 섰습니다. 개인적으로 기쁘고 감회도 새롭습니다. 국회의원 선거 두 번 떨어지고 다른 선거도 좀 떨어지는 동안에 모든 것이 제 잘못은 없고 전부 선배 정치인들, 또 전체 정치판의 잘못 때문에 떨어졌는가 싶어 마음속에 원망도 많고, 맺힌 생각도 참 많았습니다. 지나고 보면, 음…… 저만 잘나고 정치만 잘못되고, 꼭 그리 말하기는 어려운 거 같습니다. 우리 역사가 안고 있는 오랜 역사의 흐름 속에 우리가 숙명적으로 안고 있는 여러 가지 정치적 상황과 구도가 누구누구 탓할 것 없이, 국민들한테 모두 신용을 좀 잃고 있는 정치적 구조 속에서, 저도 때로는 좋은 기분도 느끼고, 때론 어려움도 겪고 했던 것 같습니다. 흠."

　그는 탄식인지 한숨인지 모를 숨을 내쉬었다.

　"저도 어차피 어느 한 정당에 몸을 담고 있기 때문에 분명히 당의 노선을 갖고, 당의 입장에 따라서 정치를 할 것입니다. 그러나 또 앞으로는 누구누구 탓보다 어떻게 하면 우리 정치가 국민들한테 신뢰를 회복할 수 있을까, 이런 점에 관해서 좀 고민하면서 여러분들의 지도 편달을 받고 싶습니다. 그동안 저 혼자 무척 잘난 국회의원이라고 스스로 자부했었는데, 실제로 13대 국회 때나 떨어져 나가서 바깥에 있을 때나 일을 해보니까, 몇 가지 지식을 더 가지고 있다든지 몇 가지 논리적인 능력을 더 갖고 있다고 꼭 잘난 정치인은 아니라는 생각, 참 많이도 해봤습니다. 앞으로 많은 선배 여러분들의 너그러운 지도 편달을 바라고요. 또 동료 의원 여러분들, 모처럼 오랜만에 모난 성격의 정치인이 돌아왔지만 사랑해주시고 또 서로 많이 도와주시기 바랍니다. 열심히 해서, 크게는 나라에 좀 보탬이 되면 좋겠고, 작게는 우리 정치인 모두가 국민들한테 존경받는 정치가 되도록 노력해 보겠습니다. 잘 부탁합니다. 대단히 감사합니다."

노무현은 의원들을 향해 다시 고개를 숙였다. 박수를 치는 이는 없었다. 그는 자리를 찾아 들어갔다. 365개의 조명이 그를 비추고 있었다.

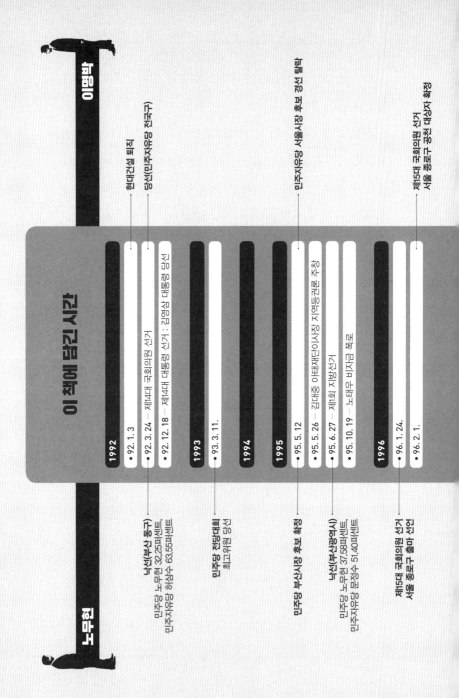

이명박

현대건설 퇴직

당선(민주자유당 전국구)

민주자유당 서울시장 후보 경선 탈락

제15대 국회의원 선거
서울 종로구 공천 대상자 확정

이 책에 담긴 시간

1992

• 92. 1. 3

• 92. 3. 24 — 제14대 국회의원 선거

• 92. 12. 18 — 제14대 대통령 선거 : 김영삼 대통령 당선

1993

• 93. 3. 11.

1994

1995

• 95. 5. 12

• 95. 5. 26 — 김대중 아태재단이사장 지역등권론 주창

• 95. 6. 27 — 제1회 지방선거

• 95. 10. 19 — 노태우 비자금 폭로

1996

• 96. 1. 24.

• 96. 2. 1.

노무현

낙선(부산 동구)
민주당 노무현 32.25퍼센트,
민주자유당 허삼수 63.55퍼센트

민주당 전당대회
최고위원 당선

민주당 부산시장 후보 확정

낙선(부산광역시)
민주당 노무현 37.58퍼센트,
민주자유당 문정수 51.40퍼센트

제15대 국회의원 선거
서울 종로구 출마 선언

280

당선(서울 종로구)
신한국당 이명박 41.00퍼센트

낙선(서울 종로구)
통합민주당 노무현 17.66퍼센트

- 96. 3. 21 — 정학로 스캔들 폭로
- 96. 3. 26 — 총선 후보 등록 및 공식 선거운동 개시
- 96. 3. 31 — 1차 합동 연설회
- 96. 4. 1 — 선거공보 발송
- 96. 4. 7 — 2차 합동 연설회
- 96. 4. 11 — 제15대 국회의원 선거
- 96. 9. 10 — 이명박 선거 부정 폭로
- 96. 9. 17 — 반박 기자회견
- 96. 10. 7 — 검찰 소환

1차 합동 연설회

1심 유죄 선고

새정치국민회의 입당

1997

- 97. 9. 11
- 97.11.13
- 97. 12. 19 — 제15대 대통령 선거 : 김대중 대통령 당선

1998

의원직 사퇴

2심 벌금형 선고

- 98. 2. 21
- 98. 4. 28
- 98. 7. 21 — 국회의원 보궐선거

당선(서울 종로구)
새정치국민회의 노무현 54.4퍼센트,
한나라당 정인봉 43.5퍼센트

1999

대법원 선거법위반 및 범인도피 혐의
벌금형 선고

- 99. 4. 9

281 / 이 책에 담긴 시간

참고 문헌

김원웅 외, 《의원님들 요즘 장사 잘돼요?》, 정음문화사, 1997.

김유찬, 《이명박 리포트》, 한국의정발전연구소, 2007.

김을동, 《김을동과 세 남자 이야기》, 순정아이북스, 2011.

김정길, 《김정길의 희망》, 행복한책읽기, 2011.

노무현, 《여보, 나좀 도와줘》, 새터, 1994.

＿＿＿＿, 《노무현이 만난 링컨》, 학고재, 2001.

노무현 외, 《노무현: 상식 혹은 희망》, 행복한책읽기, 2002.

노무현재단 엮음 · 유시민 정리, 《운명이다》, 돌베개, 2010.

노태우, 《노태우 회고록》 상 · 하, 조선뉴스프레스, 2011.

도종환 외, 《노무현이, 없다》, 학고재, 2010.

문재인, 《문재인의 운명》, 가교출판, 2011.

박신홍, 《안희정과 이광재》, 메디치미디어, 2011.

윤태영, 《바보, 산을 옮기다》, 문학동네, 2015.

이강래, 《12월 19일》, 푸른나무, 2011.

이광재, 《우통수의 꿈》, 생각의나무, 2004.

이기택, 《우행: 내 길을 걷다》, 이상미디어, 2017.

이명박, 《신화는 없다》, 김영사, 1995.

＿＿＿＿, 《절망이라지만 나는 희망이 보인다》, 말과창조사, 2002.

＿＿＿＿, 《대통령의 시간 2008-2013》, 알에이치코리아, 2015.

이종찬, 《숲은 고요하지 않다》 1~2, 한울, 2015.

이회창, 《이회창 회고록》 1~2, 김영사, 2017.

1996년 종로, 노무현과 이명박
엇갈린 운명의 시작

초판 1쇄 발행 2018년 4월 27일 **초판 2쇄 발행** 2018년 5월 14일

지은이 양원보
펴낸이 연준혁

출판 1본부 이사 김은주
출판 4분사 분사장 김남철
편집 오민정
디자인 이세호

펴낸곳 (주)위즈덤하우스 미디어그룹 **출판등록** 2000년 5월 23일 제13-1071호
주소 경기도 고양시 일산동구 정발산로 43-20 센트럴프라자 6층
전화 031)936-4000 **팩스** 031)903-3893 **홈페이지** www.wisdomhouse.co.kr

값 15,000원 ⓒ양원보, 2018
ISBN 979-11-6220-578-5 03300

국립중앙도서관 출판시도서목록(CIP)

1996년 종로, 노무현과 이명박 : 엇갈린 운명의 시작 / 지은이: 양원보. ──
고양 : 위즈덤하우스 미디어그룹, 2018
    p. ;   cm

참고문헌 수록
ISBN 979-11-6220-578-5 03300 : ₩15000

정치인[政治人]
한국 정치[韓國政治]

340.911-KDC6
320.9519-DDC23   CIP2018011676